LES ÉNIGMES DE L'UNIVERS

Collection dirigée par Francis Mazière

DU MÊME AUTEUR

LA MAISON DE MON PÈRE, en collaboration avec Jacqueline Chassang, préface du R. P. Carré, o. p. Ouvrage couronné par l'Académie française. Éditions du Cerf, 1946. (*Épuisé.*)

DE LA BOUE SUR LES YEUX, roman. Flammarion (1955). (*Épuisé.*)

L'ÉCLAT DU VERRE, roman. Flammarion (1960).

POUR COMPRENDRE TEILHARD, essai en collaboration. Édit. Lettres Modernes (1962).

LES EXTRATERRESTRES, sous le pseudonyme de Paul Thomas. Plon, 1962. (*Épuisé.*)

LES CHEMINS DE L'ÊTRE, une discussion (correspondance avec Vercors). Albin Michel (1965).

MORT D'UN P.D.G. (une parabole). Éditions Mame (1972).

DES SIGNES DANS LE CIEL. Éditions Robert Laffont (1978).

OUVRE-MOI TA PORTE. Éditions Robert Laffont (1983).

PLAIDOYER POUR L'EXTRAORDINAIRE (LES RAISONS DE L'IRRATIONNEL). Édition Lanore (1985).

PAUL MISRAKI

L'EXPÉRIENCE DE L'APRÈS-VIE

ÉDITIONS ROBERT LAFFONT
6, place Saint-Sulpice, 75006/Paris

ISBN 2-221-00316-0

SOMMAIRE

I

LA VIE APRES LA MORT

1. Une aventure vécue 11
2. La survie est-elle possible? 17
3. Dialogues avec les morts 29
4. L'expérience de l'après-vie 46
5. Le jugement 66

II

LE RAPPORT DE JULIEN 79

III

ETUDE CRITIQUE PAR L'AUTEUR 197

Bibliographie 261

I

LA VIE APRÈS LA MORT

« Si je suis tué, je changerai d'état, voilà tout. »

TEILHARD DE CHARDIN

« La mort, c'est le retour à la source de la joie. »

FRANÇOIS MAURIAC

« A vous (mes disciples), il a été donné de connaître les mystères du Royaume de Dieu ; les autres n'ont que des paraboles, afin qu'ils voient sans voir et entendent sans entendre. »

ÉVANGILE SELON SAINT LUC, 8, 10.

1

UNE AVENTURE VÉCUE

La publication d'un récit aussi incroyable que celui que contient le rapport de « Julien » n'a qu'une seule excuse : l'histoire qu'il relate est strictement *vraie*.

Ce livre est un TÉMOIGNAGE. Il raconte un de ces événements dont on dit volontiers : « Ces choses-là ne s'inventent pas. » En effet, si quelqu'un les avait inventées, il lui aurait été facile de les rendre artificiellement plus attrayantes, plus sensationnelles, plus conformes à ce qu'un amateur de fiction serait en droit d'attendre d'une aventure imaginaire. On ne tardera pas à s'en rendre compte : en tant que « roman », cet ouvrage ne présenterait pas le moindre intérêt. Ni quant au fond, qui pourrait passer pour un pur délire, ni quant à la forme qui, pour des raisons bientôt évidentes, laisse beaucoup à désirer.

Mieux vaut le déclarer tout de suite, afin d'éviter toute équivoque : il est question ici d'une tentative, comme il s'en est déjà pratiqué beaucoup, visant à explorer les possibilités de communication avec un « autre monde » présumé : celui des *défunts.*

Au départ, on y croit ou on n'y croit pas; chacun est libre, et c'est l'affaire d'un choix personnel beaucoup plus qu'une attitude imposée par la raison, ainsi qu'on le verra. Celui qui a mené l'expérience dont je vais parler n'y croyait d'abord qu'à moitié : c'est un esprit curieux de toutes choses, et en particulier de ce qui relève de l'étrange, mais ce n'est pas un fanatique prêt à gober n'importe quoi, il s'en faut de beaucoup. Bien au contraire, au cours de ses essais de correspondance télépathique par le moyen de l' « écriture intuitive », il ne s'est jamais départi d'un esprit critique toujours en éveil, prêt à s'opposer à toutes les tentations du merveilleux, persuadé à juste titre que son subconscient pouvait lui jouer des tours pendables. Il n'a guère changé d'avis depuis, et il lui arrive de douter encore, par instants...

Cela, en dépit d'une PREUVE, inespérée et très difficilement réfutable, qui lui a été fournie quant à la valeur intrinsèque de ses travaux. Cette *preuve* a surgi d'un essai de vérification : *l'un de ses interlocuteurs invisibles, qui se présentait comme l' « esprit » d'un défunt s'exprimant télépathiquement à partir de l'Au-delà, allégua toute une série de faits appartenant à sa vie passée : son nom, sa profession, le lieu précis de son travail, plus quelques traits particuliers de son caractère, — détails au sujet desquels l'expérimentateur ignorait absolument tout, étant donné que l'entité en question lui était totalement inconnue. Or, ces allégations (télépathiquement perçues) firent l'objet d'un contrôle qui, contre toute attente, s'avéra positif.* Le personnage en question a bel et bien existé et certains renseignements donnés par lui d'outre-tombe se sont révélés exacts.

Le lecteur pourra se rendre compte par lui-même, au fur et à mesure, des difficultés qui s'opposent à une explication de ce phénomène par des voies *normales*, en dépit des efforts prodigués dans ce sens. Bien des hypothèses dites « rationnelles » ont été soulevées : hasards, coïncidences, cryptomnésie (mémoire inconsciente), dédoublements de la personnalité, « somnambulisme », sans oublier la télépathie entre vivants, la clairvoyance, la métagnomie... Le lecteur trouvera dans la troisième partie de cet ouvrage une étude critique où différentes interprétations médicales, psychiatriques ou parapsychologiques seront passées en revue, pour tenter loyalement de réduire cette affaire à des phénomènes connus. Mais on devra reconnaître que, si certaines de ces « explications » sont de nature à satisfaire un observateur superficiel et pressé, aucune d'entre elles ne parvient à rendre compte de façon vraiment exhaustive de *tous* les aspects d'une aventure aussi complexe. D'ailleurs, nul ne saurait prétendre « expliquer » un fait obscur à l'aide de propositions tout aussi obscures; or, la médecine et la parapsychologie parviennent tout au plus à mettre en évidence certains phénomènes auxquels elles accolent des noms savants, mais elles sont la plupart du temps incapables d'en comprendre parfaitement le mécanisme et d'en démonter les rouages : le psychisme humain est loin d'avoir livré tous ses secrets.

Si bien que, dans un cas pareil, l'*hypothèse* (je dis bien : l'hypothèse), bannie par la méthode scientifique, d'une survie de la conscience après la mort, en regard de toutes celles que l'on pourrait avancer en échange, apparaît à l'heure actuelle comme la plus plausible, — j'allais dire : la plus vraisemblable...

Pour des motifs qui lui sont personnels, l'expérimentateur en question n'a consenti à révéler publiquement ces faits qu'à la condition expresse de conserver le plus strict anonymat. C'est donc à moi qu'incombe la responsabilité de cette présentation. Cet homme est, pour moi, un ami de longue date; il est connu dans son entourage pour sa pondération, son équilibre, et la rectitude de ses jugements; il pousse jusqu'au scrupule le respect de la vérité, au point d'user parfois d'une franchise un peu brutale. Je n'hésite donc pas un instant à me porter garant de son absolue sincérité et, par conséquent, de l'authenticité des faits relatés ici, *faits auxquels je me suis d'ailleurs trouvé plusieurs fois directement mêlé.*

Julien — il a choisi de s'appeler Julien — s'est intéressé depuis quelques années aux énigmes de la vie et de l'après-vie, sans en faire pour autant le centre de ses préoccupations quotidiennes : ses obligations professionnelles et familiales s'y opposent impérativement. Il insiste pour que je précise qu'il refuse d'être considéré comme un « spirite »; c'est à tort que l'on accuse quiconque cherche à s'entretenir avec les disparus de « faire du spiritisme ». En fait, le spiritisme est devenu une sorte de religion qui présente une doctrine précise et compte des milliers d'adeptes à travers le monde. Julien ne veut être inféodé à aucune doctrine; il se considère comme un chercheur indépendant qui souhaite simplement *s'informer*. Au plan strictement religieux, ses préférences vont à l'Evangile de Jésus-Christ. Et si, à la suite de cette expérience peu conventionnelle, il s'est vu entraîné plus loin qu'il ne l'avait prévu, c'est pour avoir voulu jouer les apprentis sorciers, — non pas en tant que sorcier, bien entendu, mais en tant qu'apprenti...

L'impression de recevoir une preuve (fût-ce même un commencement de preuve) de ce que l'âme humaine, avec la pleine conscience de sa personnalité, avec sa mémoire, et sa volonté libre, continue à vivre après la mort du corps physique, procura à Julien une des plus fortes émotions de son existence; et nous la partagerons avec lui.

J'avais d'abord prié Julien d'entreprendre seul cette rédaction, car nul mieux que lui ne pouvait témoigner de ses propres états d'âme. Il en fit loyalement l'essai, adoptant la formule d'une lettre qu'il m'adressait sur ma demande; puis devant l'amoncellement de ses documents, conscient aussi d'une certaine maladresse littéraire, il m'appela à son secours. Nous avons donc travaillé ensemble à l'élaboration de cet ouvrage, à sa division en chapitres, à sa mise en pages; ce fut pour moi une excellente occasion d'en reconsidérer les aspects : psychologiques, parapsychologiques, normaux ou paranormaux...

En ce qui me concerne personnellement, j'ai déjà eu l'occasion d'exposer[1] les raisons pour lesquelles *j'incline à croire* que la mort n'est pas une fin, mais un passage à un état différent de conscience. L'expérience de « Julien » a grandement contribué à me

---

1. Dans *Plaidoyer pour l'Extraordinaire*, édit. Mame, Paris.

confirmer dans cette opinion. En outre, les progrès récents accomplis dans les domaines de la parapsychologie sont en train d'aplanir singulièrement les voies qui, dans un avenir peut-être plus proche qu'on ne pense, pourront conduire à des découvertes fantastiques quant aux possibilités de la survie. Prédiction qui pourra paraître aventureuse à certains, à commencer par les parapsychologues eux-mêmes; mais je maintiens ce que je dis, car d'importants coups de théâtre sont prévisibles au train où vont les choses depuis quelque temps...

Mais ne soyons pas trop impatients, et prenons la peine d'examiner les questions qui se posent les unes après les autres.

2

LA SURVIE EST-ELLE *POSSIBLE* ?

Le problème de la survivance de la conscience après la mort pose deux formes d'interrogations qu'il ne faut pas confondre ni emmêler :

1. La survie est-elle possible?

2. Au cas où elle le serait, que faut-il penser des tentatives de « communications » avec les disparus? Illusion ou réalité?

Le discrédit jeté sur l'étude d'un pareil sujet s'explique de différentes façons. Le refus catégorique, opposé par la science, de prendre en considération l'éventualité de la survie se fonde sur des raisons bien connues dont nous nous occuperons tout à l'heure. On pourrait s'étonner davantage de rencontrer une méfiance analogue chez ceux-là mêmes qui, dans l'Occident chrétien, font ouvertement profession de *croire* à l'immortalité de l'âme. Ils admettent, certes, sur la foi des affirmations de Jésus-Christ, que la mort n'est qu'un passage qui conduit à la Vie éternelle, mais l'idée de s'interroger sur les modalités de cette autre Vie leur paraît superflue, ridicule, voire impie et sacrilège.

Beaucoup d'entre eux (mais c'est une déformation d'origine récente, teintée de modernisme) interprètent la mort comme un brusque saut « dans l'éternité », c'est-à-dire hors du temps. A leurs yeux, l'éternité (qu'il ne faut pas confondre avec une durée infiniment longue) représente une sorte de cristallisation dans une instantanéité absolue, radicalement inconcevable pour nos intelligences humaines. Au moment du décès, l'âme accéderait à la plénitude de son être dans un univers sans dimensions; en sorte que, trahis par les limites de notre imagination, nous n'aurions pas à examiner ce que nous ne pouvons, par nature, concevoir.

Il n'est certes pas exagéré de dire que la grande majorité des croyants *actuels* envisagent la Vie éternelle sous cette forme-là. Il se trouve pourtant que cette représentation de l'après-vie ne se fonde, en fait, sur aucune doctrine religieuse précise. Elle va même à l'encontre de l'enseignement traditionnel. Au cours d'une conférence[1], le cardinal Daniélou s'exprimait ainsi en 1967 : « (Un trait) sur lequel insiste la théologie catholique est l'affirmation que ce temps de l'au-delà est, pour la totalité des hommes, un temps de purification. Cela, si nous le débarrassons (...) de représentations mythiques sous lesquelles le représentaient certains prédicateurs d'autrefois pour frapper les imaginations, exprime une réalité qui, pour moi, apparaît d'une évidence éblouissante. (...) Une (autre) affirmation est que,

1. Publiée dans *La Survie après la Mort*, colloque de l'Alliance mondiale des Religions, édit. Labergerie, distrib. Mame, Paris.

une fois les purifications achevées, l'âme connaît la béatitude... »

La théologie distingue donc dans l'après-vie *une succession d'états ;* ce qui implique une *durée*. L'idée selon laquelle la vie dans l'au-delà se situe « en dehors du temps » provient d'une confusion souvent opérée entre les termes de « temps » et de « durée ». Si l'on choisit de définir le temps par « la durée mesurée par la succession des jours et des nuits » (Larousse), il est bien évident que les disparus ne connaissent plus ce « temps-là » : ils vivent « en dehors des heures » marquées par le mouvement des astres, ils n'ont ni montres ni horloges. Cependant, leur existence s'étale forcément au long d'une « durée » s'il est vrai qu'ils peuvent passer par des états successifs (période de purification, puis béatitude).

Tout catholique respectueux de la doctrine à laquelle il se rallie *devrait*, en conséquence, admettre que la Vie éternelle n'est pas une cristallisation dans l'instantanéité, mais une vie véritable susceptible de comporter des « événements »; fort heureusement, d'ailleurs, pour la majorité d'entre nous qui ne sommes pas des saints; nous ne saurions accéder au face à face avec Dieu sans nous être d'abord lavés dans un « purgatoire » (quel mot affreux!). Or on croit de moins en moins à ce purgatoire, et cependant tout me porte à penser que l'on a grand tort.

LE CERVEAU ET LA PENSEE

Mais abandonnons pour l'instant ces controverses qui ne concernent que les croyants, pour aborder franchement l'aspect scientifique du problème. Le refus, généralisé chez les hommes de science contemporains, de croire à la survie de la conscience après la mort se fonde sur des raisons très claires. On peut les résumer en quelques mots :

— *L'être humain, comme tous les êtres vivants, est constitué d'un corps, siège de réactions chimiques productrices de vie et de conscience; dès que les fonctions organiques sont suspendues, et en particulier dès que le cerveau cesse d'être irrigué, la conscience disparaît inéluctablement avec toute vie.*

Le cerveau est-il le producteur de la pensée? Pour le savant traditionaliste, cela ne fait pas l'ombre d'un doute. Il lui suffit de voir qu'à telle ou telle lésion de l'appareil cérébral correspond telle ou telle altération de la conscience et de la mémoire. Détruisez le cerveau, il n'y a plus de pensée possible.

Mais c'est là une façon de raisonner qu'un métapsychiste anglais du début de ce siècle, sir Oliver Lodge, réfutait avec ironie. Il comparait la conscience à un violoniste et le cerveau à son instrument; si le violon est égaré ou détruit, le virtuose disparaît-il du même coup? La perte du violon supprime, certes, la *manifestation* de la musique, mais nul n'a le droit d'en inférer que le musicien n'existe plus.

On peut moderniser cette comparaison en remplaçant le violon par un appareil récepteur de radio. Détériorez l'appareil, vous n'entendrez plus rien : mais cela n'empêchera pas le poste émetteur de continuer à diffuser le concert que votre oreille ne perçoit plus. Et si notre cerveau n'était que l'équivalent d'un récepteur de radio, dont la destruction n'entraînerait pas forcément la disparition de la conscience?

A cela le sceptique rétorque qu'il s'agit d'une hypothèse absolument invérifiable : rien ne peut signaler l'existence d'une pensée en dehors de l'organe qui la rend manifeste. Tenir compte d'une hypothèse invérifiable, c'est non seulement antiscientifique, c'est tout simplement perdre son temps.

Malheureusement pour le sceptique, ces paroles montrent surtout qu'il se désintéresse des progrès de la connaissance humaine, car les choses n'en sont plus là, ainsi que nous n'allons pas tarder à le voir.

La *parapsychologie* est une science encore jeune; elle n'a pas encore acquis son droit de cité en France, en raison d'une forte opposition due à un certain rationalisme scientiste. Selon le mot de Patrick Ravignant, « prononcer aujourd'hui encore des termes tels que « clairvoyance », « télépathie », « dédoublement », etc., c'est marcher sur la queue d'un tigre [1] »... Néanmoins, des parapsychologues éminents font de plus en plus parler d'eux à l'étranger, notamment aux Etats-Unis (où des laboratoires de parapsychologie fonctionnent au sein des universités), et davantage en U. R. S. S. (où ce genre d'études est parfois subventionné par le gouvernement soviétique). D'une façon générale, cette science évite ouvertement d'aborder directement le problème de la survie après la mort, mais elle explore des phénomènes jusqu'ici inexpliqués, tels que la télépa-

1. Dans *Les Domaines de la Parapsychologie*, de P. Ravignant et Hubert Larcher, édit. C. A. L.

thie, ou la psychokinésie (pouvoir de la pensée sur le comportement de la matière), — phénomènes qui, peu à peu, remettent en question la nécessité de l'interdépendance entre la conscience et le cerveau.

Louisa Rhine, épouse et collaboratrice du professeur J.-B. Rhine, qui dirige le laboratoire de parapsychologie à l'université de Duke (Arizona), écrit à propos de télépathie : « Il existe aujourd'hui une telle lacune dans le domaine de nos connaissances quant à la relation pensée-cerveau que finalement on arrive à faire de l'*esprit* un concept pour lequel il n'existe pas d'explication. Parler d'un contact esprit à esprit n'a donc aucun sens. Jusqu'à ce que les neurologues et les psychologues parviennent à combler cette lacune, l'énigme que pose la télépathie ne sera vraisemblablement pas résolue[1]. »

Les époux Rhine sont parvenus, après quarante années de travaux patients (et longtemps combattus), à imposer l'idée de la *perfection extra-sensorielle* (E. S. P.), c'est-à-dire l'information perçue par le mental sans passer par l'intermédiaire des sens; mais ils reconnaissent que, en cette matière, les Russes les ont rejoints et même dépassés (cette avance, selon Rhine, étant due au fait que les Soviétiques ne s'encombrent pas, dans leurs travaux, de préjugés moraux et religieux, ce qui leur permet de se livrer à des expériences auxquelles les Occidentaux auraient scrupule à recourir[2]).

---

1. Dans *Les voies secrètes de l'Esprit*, L. Rhine, édit. Fayard.
2. Cf. différents ouvrages consacrés à la parapsychologie (voir bibliographie) ; plus spécialement les ouvrages de J. B. et Louisa Rhine, et *Fantastiques Recherches parapsychiques en U. R. S. S.*, d'Ostrander et Schroeder, édit. R. Laffont.

On *sait* maintenant, grâce à des observations effectuées sous contrôle médical (et même, à l'Est, gouvernemental) qu'il existe des gens qui peuvent « voir » sans se servir de leurs yeux, « entendre » autrement que par l'oreille, connaître intuitivement le contenu d'une enveloppe scellée, décrire un paysage existant qu'ils n'ont jamais contemplé, etc. On *sait* que des états de conscience peuvent se transmettre d'un individu à un autre même à très grande distance, ou à travers une cloison de plomb. On *sait* — et c'est encore plus stupéfiant — que la volonté peut agir sur la matière inanimée (psychokinésie, ou télékinésie), modifiant, par exemple, un jet de dés; ou encore déplaçant des objets tels que cigarettes, allumettes, capuchons de stylo, etc., isolés sous une cloche de verre.

Toutes ces expériences, encore mal connues du public démontrent avec certitude que *quelque chose* agit en dehors de l'intervention du corps humain; mais on ne sait toujours pas de quoi est fait ce « quelque chose ». Certains pensent qu'il s'agit d'un élément immatériel (c'est l'école spiritualiste des Rhine); mais pour d'autres, ce sont des vibrations de champs de force agissant comme des ondes magnétiques. Cette deuxième hypothèse semble avoir trouvé une confirmation depuis que le savant russe Sergeiev, à l'aide de détecteurs d'un type nouveau, est parvenu à enregistrer et à mesurer des champs magnétiques présents dans un rayon de 4 m autour du corps d'un sujet, lorsque ce dernier se livre à une expérience relevant de la parapsychologie.

Mieux encore : le même Sergeiev a branché ses détecteurs à proximité du corps d'un homme cliniquement mort, et il a pu constater que, lorsque l'électroencéphalographe cessait d'enregistrer les dernières ondes cérébrales, et que l'électrocardiogramme ne signalait plus aucun battement du cœur, les nouveaux détecteurs entraient en action; autour du corps sans vie, des champs de force électromagnétique se mettaient à vibrer, comme si une certaine énergie était libérée...

Si donc un corps dont le cerveau a cessé de fonctionner est encore capable de libérer cette sorte d'énergie, si d'autre part une perception (vue, ouïe) est possible sans passer par le truchement des organes des sens, grande est la tentation d'extrapoler, et de supposer qu'il puisse exister *un mode de conscience indépendant de cet autre organe physique qu'est le cerveau...*

A cette tentation, les parapsychologues entendent bien ne pas succomber. La plupart d'entre eux se gardent d'aborder la question de la survie après la mort : ils éprouvent déjà assez de peine à faire admettre leurs découvertes touchant des phénomènes moins compromettants. Toute allusion à ce qui pourrait impliquer l'existence d'un Au-delà est à éviter avec le plus grand soin : c'est un domaine tabou.

Exceptionnellement, le professeur Rhine a affronté le risque d'évoquer franchement le problème de la survie et la façon dont il se présente à l'investigation du point de vue scientifique[1]. Il constate que la question essentielle serait de savoir si un élément incorporel quelconque, ou une partie de la personnalité, conserve après la mort physique la faculté de percevoir des expériences; et si cet élément peut manifester son existence de telle sorte qu'il puisse

---

1. Dans *New World of the Mind*, Apollo Éditions, U. S. A.

être identifié. Jusqu'à présent, remarque Rhine, aucune confirmation absolument irréfutable n'a pu être fournie à ce propos, en dépit des efforts prodigués depuis un siècle par les sociétés psychistes. Cependant, de l'avis des collaborateurs de Rhine, il est nécessaire de poursuivre les recherches dans cette direction, car — disent-ils — *les raisons de soupçonner l'existence d'un élément psychique indépendant du corps reposent sur des fondements sérieux.*

Ces fondements ne sont ni philosophiques ni religieux : ils consistent en quelque trois mille dossiers rassemblés par l'équipe de Duke, et plus particulièrement une bonne centaine de cas extraits de ces trois mille. Ces cas, encore plus que d'autres, paraissent suggérer l'intervention d'un « agent spirituel » (*a personal agency*), autonome par rapport au corps physique. Sans vouloir écarter d'office l'éventualité d'une explication par d'autres voies, Rhine pense que, dans l'état actuel des investigations, l'hypothèse de cet élément indépendant paraît *le plus probable.*

En attendant le jour où ce problème pourra être scientifiquement résolu, Rhine estime que la question reste ouverte et que chacun est libre d'y apporter la réponse de son choix.

Chacun est « libre »...

Donc, profitons de cette liberté que nous laisse provisoirement la science : évoquons, à titre privé et sans engager l'avenir, l'hypothèse de l'existence d'un élément non encore défini qui prolonge sa vie consciente bien au-delà de la vie corporelle. N'étant pas liés par le respect d'une *méthode,* gageons hardiment que le cerveau *n'est pas,* comme on l'a cru si longtemps, le producteur de la pensée. Nous n'avons rien à perdre à supposer cela; mais en revanche nous pouvons y gagner beaucoup : des dizaines de milliers de témoignages en provenance du monde entier, portant sur des faits extraordinaires, et suggérant la permanence d'un élément conscient, prendraient une consistance impressionnante, en ce sens qu'ils trouveraient là une explication possible, alors que, sans cette hypothèse, ils ne s'expliquent pas du tout.

Des cas de ce genre ont été recensés par des personnalités au-dessus de tout soupçon (telles que Gabriel Marcel, pour ne citer que lui). Le malheur est que chacun se borne le plus souvent à rapporter sa propre expérience et se contente d'en souligner le caractère très étrange; mais il est rare que l'on songe à réunir de tels récits et à en faire *la somme.* L'exposé d'une multitude de faits isolés ne pèse pas suffisamment lourd aux yeux des critiques, alors que leur accumulation apparaîtrait beaucoup plus convaincante.

Parmi ces faits inexplicables, on compte un bon nombre de communications provenant apparemment de défunts et comportant des allusions à des faits précis, totalement ignorés des vivants, dont le mort *seul* pouvait avoir eu connaissance. Dans ces conditions, tout phénomène de lecture de pensée ou de mémoire inconsciente se trouve exclu d'office; si les faits allégués par le message s'avèrent réels à la suite d'un contrôle opéré après coup, on est conduit à penser que de fortes présomptions militent en faveur d'une forme quelconque de survie.

J.-B. Rhine rapporte entre autres l'histoire d'un petit garçon de quatre ans qui, ne sachant pas encore écrire, s'amusait à griffonner des signes sur un bloc de papier appartenant à sa mère. Lorsqu'il en eut ainsi rempli trois ou quatre feuilles, on s'aperçut que les signes tracés au hasard par l'enfant n'étaient autres que de la sténographie à l'ancienne mode (dont le petit n'avait, faut-il le préciser, aucune notion). Le message, une fois déchiffré, se présentait comme une lettre adressée à la mère de l'enfant par le mari de celle-ci, lequel venait de mourir quinze jours auparavant; les premiers mots étaient « dearest beloved » (très chère bien-aimée), expression familière chez le défunt; il parlait d'une missive urgente qui n'avait pas été postée et qu'il fallait immédiatement faire parvenir à son destinataire. Or, le décès du mari avait eu lieu à New York alors que sa famille se trouvait dans l'Oregon, si bien que personne ne pouvait être au courant de cette lettre non expédiée, hormis le disparu. (Cf. *New World of the Mind,* p. 312.)

Des anecdotes semblables pullulent littéralement. En dehors de Julien, je connais personnellement un cas de cette espèce dont le héros est un vieil ami qui pourtant ne s'occupe nullement de métapsychisme; mais on peut trouver des témoignages identiques dans la plupart des ouvrages spécialisés. Tout se passe comme si la pensée d'un document important, demeuré caché à l'insu de tous dans un tiroir, ou entre les pages d'un livre, obsédait l'âme des défunts jusqu'à les obliger à « revenir » pour avertir leurs proches, soit en rêve, soit par tout autre moyen à leur portée. Lorsque l'existence du document précieux est ignorée de tous, et connue du seul défunt, il est difficile de concevoir une explication excluant l'hypothèse de la survie.

Quand des expériences de cet ordre sont vécues par d'autres et qu'on en prend connaissance au travers de récits, on peut toujours les accueillir avec un vague scepticisme, et les attribuer à des coïncidences, à des erreurs, à des mystifications. Mais il en va tout autrement lorsque ce genre de choses se produit sous vos propres yeux : rien ne vaut, en la matière, l'expérience personnelle. Encore celle-ci ne suffit-elle pas toujours : d'aucuns, refusant d'envisager l'énormité des implications en jeu, préfèrent oublier ce qui leur est advenu, ou tout au moins ne plus y penser. D'autres, par contre, en demeurent impressionnés à jamais et acceptent d'en assumer toutes les conséquences : c'est toute l'échelle des valeurs vitales qui en est ébranlée et qu'il faut réviser de fond en comble.

Notre ami Julien est particulièrement bien placé pour parler de cette seconde réaction, en connaissance de cause.

3

DIALOGUES AVEC LES MORTS

Evoquer l'âme des morts pour solliciter d'eux avis et conseils est une coutume qui remonte à l'aurore du monde. Il semble que les hommes aient toujours cru à la permanence de l'âme et à la possibilité des contacts entre les vivants de ce monde et ceux de l'autre. Les livres sacrés chinois, le *Livre des Morts* égyptien paraissent refléter des expériences millénaires. Les poètes grecs et latins retracent des épisodes de nécromancie. La Bible également.

Oui, parfaitement, la Bible. Un peu plus de mille ans avant Jésus-Christ, Saül, roi d'Israël, fit chasser de ses terres les devins et les nécromants, car la Loi de Moïse interdisait formellement l'évocation des défunts [1]. Mais les croyances populaires ont la vie dure : Saül lui-même, effrayé par la puissance du camp philistin, s'empressa d'aller consulter une

1. Lévitique 19-31 : « Ne vous tournez pas vers les esprits des morts, n'interrogez pas les devins, de peur d'en être souillés. »

voyante clandestine afin de pouvoir, à travers elle, interroger le prophète Samuel qui venait de mourir. Il se rendit de nuit chez la femme en question, après avoir changé de vêtements pour n'être pas reconnu. Et Samuel, drapé dans un manteau, « monta de la terre ». Il dit à Saül : « Pourquoi as-tu troublé mon repos en m'évoquant? » (*Premier Livre de Samuel,* 28, 3-25.)

Si l'Occident parut renoncer à de tels dialogues, ce fut par suite des décisions de l'Eglise de Rome, qui reprit à son compte la proscription du législateur hébreu. Proscription qui ne constituait en aucune façon une négation du phénomène (le vol et le meurtre sont également interdits, ce qui n'implique nullement que voleurs et meurtriers n'existent pas). Tout au contraire, les autorités ecclésiastiques de jadis devaient connaître la portée de ces consultations, et c'est pourquoi elles estimaient devoir en bannir l'usage. Le don du « discernement des esprits », dont parle saint Paul (I *Cor*, 12, 10), n'est pas dévolu à tout le monde, il s'en faut de beaucoup; il était donc urgent de préserver les faibles que des contacts avec des « esprits mauvais » pouvaient troubler tragiquement (cela reste valable de nos jours, nous en reparlerons).

L'art d'entrer en communion avec les disparus — dans nos contrées tout au moins — fut donc longtemps refoulé dans le fond des chaumières et des arrière-boutiques, par l'effet de sévères ordonnances qui sanctionnaient les dérogations de peines inflexibles : des sorcières allèrent au bûcher pour moins que cela.

C'est au XVIIIe siècle que se produisit, au grand jour, un fait nouveau. Un ingénieur suédois du nom de Swedberg (1688-1772) s'était rendu célèbre par son génie encyclopédique. A la fois mathématicien, physicien, physiologue, astronome, il mena d'abord la vie d'un homme de science universellement considéré : ses contemporains lui durent d'intéressantes inventions immédiatement appliquées; ce fut lui qui proposa l'adoption du système décimal dans la division des monnaies, idée qui allait conquérir le monde après la Révolution française. On le voit : rien d'un naïf ni d'un farceur. Anobli en 1719 par la reine Ulrique Eléonore de Suède, il prit le nom d'Emmanuel Swedenborg.

Or, parvenu à l'âge de cinquante-cinq ans, Swedenborg devint sujet à des « visions ». Il affirma que le Seigneur lui était apparu et l'avait chargé d'une mission sacrée; après quoi il renonça à tous ses travaux scientifiques pour rédiger des traités d'exégèse. Il se disait instruit par des anges et par des amis défunts dans la compagnie desquels il vivait quotidiennement, et publia, sous cette haute direction, une description étonnante des mondes invisibles, Ciel, Enfer, et Monde des Esprits [1].

Sa cosmologie des trois Royaumes s'appuie sur ce qu'il a « vu » et « entendu ». « J'ai été informé que... », écrivait-il, ou bien : « On dit dans la société céleste que... » ou encore : « Je me suis souvent entretenu avec les anges à ce sujet. »

Bien entendu, certains clamèrent qu'il était devenu fou; et de tels écrits n'auraient guère été pris en considération, en plein « siècle des Lumières », si,

---

1. *Le Ciel et l'Enfer* (R. S. F., Paris). Cf. aussi : *Swedenborg*, par Jean Prieur, édité par le Cercle Swedenborg, 14, sentier des Theux, 92-Meudon-Bellevue.

dans le même temps, Swedenborg n'avait fourni à son entourage les preuves évidentes d'un don extraordinaire de clairvoyance *concernant des événements purement terrestres.* Il fut, par exemple, intuitivement averti, alors qu'il se trouvait à Göteborg, de l'incendie qui était en train de ravager la ville de Stockholm et qui menaçait sa propre maison. Il en informa ses convives quarante-huit heures avant que n'en parvînt la nouvelle officielle. Parmi ceux qui rapportèrent cette anecdote, le philosophe Kant. D'autres « voyances » du même ordre, et tout aussi impressionnantes, obligèrent ses amis — au nombre desquels la reine de Suède elle-même — à respecter ses allégations, même lorsqu'il évoquait ses relations avec les mondes célestes.

Il annonça entre autres la date de sa propre mort : il quitta cette vie au jour prédit, le 29 mars 1772, à cinq heures du soir.

Swedenborg se croyait destiné à aplanir les voies d'une Eglise nouvelle, préfigurée dans l'Apocalypse sous le nom de Nouvelle Jérusalem. En fait, il fut très probablement pour beaucoup dans la brusque flambée d'intérêt qui se manifesta après sa mort, en Europe, puis dans le monde entier, pour les phénomènes métapsychiques.

Au cours du XIXe siècle, au plus fort du triomphalisme scientiste, on vit les personnalités les plus illustres se passionner pour le *spiritisme* que venait de promouvoir Léon Rivail, plus connu sous le nom d'Allan Kardec[1] (1804-1869). Cette doctrine devait

1. Dont on peut voir la tombe, toujours admirablement fleurie, au cimetière du Père Lachaise, non loin du Columbarium.

connaître un succès foudroyant et se répandre ensuite sur tous les continents, jusqu'à prendre l'aspect d'une vraie religion, avec ses dogmes, ses fanatiques, mais aussi ses hérétiques et ses sectes. C'est l'époque où Victor Hugo fait tourner les tables; où Camille Flammarion ne craint pas d'exposer sa réputation en publiant trois volumes de récits qui plaident étrangement en faveur de la survie, *La Mort et son Mystère*; où Napoléon III invite à la cour des médiums célèbres. Toute une floraison de médiums surgit, produisant des effets incroyables; on démasque parmi eux une forte proportion d'escrocs, mais les plus fameux s'avèrent dotés de pouvoirs authentiques.

On a colporté au sujet du spiritisme beaucoup d'exagérations et beaucoup de sottises, souvent par la faute des spirites eux-mêmes. Il est instructif de relire certains textes originaux qui surprennent aujourd'hui par leur relative sobriété :

Le spiritisme, écrivait Allan Kardec, *est fondé sur l'existence d'un monde invisible, formé d'êtres incorporels qui peuplent l'espace, et qui ne sont autres que les âmes de ceux qui ont vécu sur la terre ou sur d'autres globes où ils ont laissé leur enveloppe matérielle. Ce sont ces êtres auxquels nous donnons le nom d'Esprits. Ils nous entourent sans cesse, exercent sur les hommes, et à leur insu, une grande influence; ils jouent un rôle très actif dans le monde moral, et jusqu'à un certain point dans le monde physique. Le spiritisme est donc dans la nature, et l'on peut dire que, dans un certain ordre d'idées, c'est une puissance, comme l'électricité en est une à un autre point de vue, comme la gravitation en est une autre. Les phénomènes dont le monde invisible est la source se sont en effet produits dans tous les temps; voilà pourquoi l'histoire de tous les peuples en fait mention...*

Et ailleurs : *Pour les Esprits, la pensée est tout, et la forme, rien. Nous les appelons au nom de Dieu, parce que nous croyons en Dieu et savons que rien ne se fait en ce monde sans sa permission et que si Dieu ne leur permet pas de venir, ils ne viendront pas. Nous procédons à nos travaux avec calme et recueillement, parce que c'est une condition nécessaire pour nos observations, et en second lieu parce que nous connaissons le respect que l'on doit à ceux qui ne vivent plus sur la terre, quelle que soit leur condition heureuse ou malheureuse dans le monde des Esprits; nous faisons appel aux bons Esprits, parce que, sachant qu'il y en a de bons et de mauvais, nous tenons à ce que ces derniers ne viennent pas se mêler frauduleusement aux communications que nous recevons*[1].

Si Swedenborg, du haut du Ciel, put assister à cet engouement spectaculaire pour la découverte de l'Autre monde, il dut penser que ses travaux étaient en train de produire des fruits; en dépit de certaines différences doctrinales qui séparaient les Spirites de son propre enseignement, la Jérusalem Nouvelle était peut-être en train de voir le jour; elle établirait bientôt son règne de paix sur la Terre...

Mais ce devait être, hélas, partie remise.

---

1. In : *Qu'est-ce que le Spiritisme?* Librairie des Sciences chiques. 42, rue Saint-Jacques, Paris.

L'idéalisme des pionniers (je veux parler d'Allan Kardec et de son successeur Léon Denis) ne tarda pas à céder la place à une recherche expérimentale, presque matérialiste, essentiellement préoccupée de déceler la fraude chez les médiums. Or, presque tous les médiums, même les plus grands (comme Eusapia Palladino), en arrivaient un jour ou l'autre à combler les déficiences de leurs dons très réels par des tricheries occasionnelles qui les discréditaient d'un seul coup. Après avoir capté l'attention de hautes personnalités telles qu'Henri Bergson et les Curie, le spiritisme, bientôt vidé de sa spiritualité, se trouva enfermé dans une impasse. Déconsidéré par ceux qui n'en voulaient retenir que les échecs, et non les réussites, le métapsychisme cessa d'intéresser le public : il devint inconvenant de paraître y attacher la moindre importance.

Mais si les défenseurs de cette discipline ne se recrutèrent plus (officiellement, du moins) parmi les célébrités du moment, la survie demeura l'objet de recherches privées. Les communications avec l'Ailleurs se multiplièrent dans tous les pays et en toutes langues.

A l'heure actuelle, il serait impossible de dresser une liste exhaustive des ouvrages publiés qui relatent de tels dialogues; à tel point que, si le phénomène était connu du grand public, on pourrait désormais le qualifier de « banal ». Ces témoignages attestent que les défunts ont une « histoire », qu'ils continuent à vivre d'une vie différente de celle que nous connaissons, mais cependant soumise à des normes qu'ils s'efforcent de nous décrire — dans la mesure où notre langage le permet. De tels documents mériteraient d'être méthodiquement étudiés;

malheureusement, les recherches qui ont été discrètement menées dans ce domaine se signalent le plus souvent, jusqu'ici, par une regrettable absence de méthode; par une absence également regrettable d'esprit de synthèse. La plupart des chercheurs ont été contraints de faire cavalier seul et se sont souvent limités au récit de leur propre expérience; d'autres se contentent de faire œuvre de compilateurs; rares sont ceux qui songent à opérer des recoupements, à des classements, à des comparaisons, grâce auxquels il serait sans doute possible de dégager certaines *généralités.*

Il est juste, cependant, de signaler deux ouvrages remarquables qui fournissent un tableau aussi complet que possible de la question. Le premier, paru en 1951 à la librairie Plon sous le titre de *Mors et Vita,* est composé de textes judicieusement réunis par Robert Aron et Jean-Claude Renard, le tout préfacé par Gabriel Marcel. Le second, beaucoup plus récent, est dû à Jean Prieur et s'intitule *Les témoins de l'Invisible* (Fayard, 1972); il comporte également une introduction de Gabriel Marcel. L'auteur a réussi à mettre de l'ordre dans les idées qui circulent çà et là au sujet de la survie, à établir un vocabulaire éliminant les malentendus; il dégage d'un monceau d'expériences celles qui apparaissent comme les plus significatives et tire de leur rapprochement d'intéressantes conclusions. Notons enfin que Jean Prieur tient à se désolidariser du Spiritisme auquel il reproche sa tendance à la nécrolâtrie, ainsi que l'arbitraire de certains de ses dogmes (réincarnation). Le livre de Jean Prieur est un livre fondamentalement chrétien.

Les moyens employés de par le monde pour communiquer avec les disparus sont de divers ordres. Ils vont de la transe médiumnique (à éviter soigneusement si l'on tient à conserver son équilibre) à l'écriture automatique, en passant par les tables et le ouija. Les curieux trouveront de plus amples renseignements dans les livres spécialisés; je ne veux décrire ici en détail que le procédé utilisé par Julien, et qui se trouve être le plus simple. C'est *l'écriture intuitive*, qu'il ne faut pas confondre avec l'écriture dite automatique ou mécanique. J'emprunte encore ce passage à Allan Kardec :

Le médium écrivain présente de nombreuses variétés dont deux très distinctes (...) L'Esprit agit quelquefois sur la main du médium à laquelle il donne une impulsion tout à fait indépendante de la volonté, et sans que celui-ci ait conscience de ce qu'il écrit : c'est le médium écrivain mécanique. *D'autres fois, (l'Esprit) agit sur le cerveau : sa pensée traverse celle du médium qui, alors, bien qu'écrivant d'une manière involontaire, a une conscience plus ou moins nette de ce qu'il obtient : c'est le* médium intuitif *(cas de Julien); son rôle est exactement celui d'un truchement qui transmet une pensée qui n'est pas la sienne et que pourtant il doit comprendre. Quoique, dans ce cas, la pensée de l'Esprit et celle du médium se confondent quelquefois, l'expérience apprend facilement à les distinguer.*

Souvent, ces « médiums » sont tout simplement des mères inconsolées par suite de la perte d'un fils ou d'une fille; mais cela peut aussi arriver à des pères, à des enfants qui captent les messages de leurs parents défunts, à des époux séparés.

Le cas le plus connu en France, à cause de la

personnalité de son héroïne, est celui de Marcelle de Jouvenel qui écrivit pendant des années sous la dictée intérieure de son jeune fils défunt, Roland. Naturellement, on reprocha à cette mère de s'être laissée berner par les fantasmagories de son subconscient, ce qui est évidemment une façon commode d'expliquer les choses en n'expliquant absolument rien. (Nous reprendrons l'examen de ce genre d'interprétation des faits au cours de l'étude critique figurant à la suite du rapport de Julien.)

Mais il faudrait également citer les messages de Pierre Monnier, d'Albert Pauchard, de Paqui, d'Albien, de Christopher, de « Scott », d'Old Lawyer, de Bertha, de Thomas Dowding, de Patience Worth; ceux des « compositeurs » de Rosemary Brown; ceux aussi de Jim, le fils du pasteur James Pike; ceux de Michel, le fils du voyant Belline; d'autres encore... [1].

Parmi ces « revenants » (au sens propre du terme), on note une très forte proportion de « jeunes » dont la vie a été prématurément tranchée par un accident, une maladie, une guerre, — comme si la jeunesse des défunts les prédisposait plus particulièrement à établir des contacts avec les vivants. Mais il ne faudrait pas se hâter de généraliser, car il arrive aussi que l'on capte des messages émanant d'hommes ou de femmes qui ont normalement achevé leur périple terrestre, ou même de créatures non humaines venues de très loin et de très haut...

J'ai gardé pour la fin les *Lettres de Pierre,* qui

1. Voir *Les Témoins de l'Invisible* de J. Prieur, op. cit., et les ouvrages mentionnés dans la bibliographie en fin de volume.

méritent une mention toute spéciale. Il s'agit ici encore de messages télépathiquement transmis par un fils (tué au front en 1915) à sa mère, Mme Monnier. Ces lettres remplissent 2 879 pages reliées en sept gros volumes[1]. Elles stupéfient par leur très haute tenue spirituelle, leur érudition, leur noblesse, cela sans exclure une grande simplicité de ton. On y découvre sans cesse de nouveaux thèmes de méditations, riches de toutes sortes de résonances, non seulement pour les métapsychistes, mais aussi pour n'importe quel croyant. C'était d'ailleurs l'opinion ouvertement manifestée par le R. P. Sanson, alors prédicateur en la chaire de Notre-Dame de Paris, lorsqu'il écrivait à la mère de Pierre Monnier :

« Puisque (nos morts) vivent en Dieu et sont « dans le Seigneur » selon l'expression de l'Apôtre, ils ne nous ont pas quittés et ils continuent à nous aimer. Ils sont présents à nous avec plus d'efficacité si nous y consentons... Il ne tient qu'à nous, en effet, qu'ils soient nos instructeurs, eux qui vivent dans la lumière, eux qui savent et qui expérimentent, si j'ose ainsi parler, que nous ne sommes vivants que pour devenir immortels. » (Cité par Jean Prieur.) L'enthousiasme du père Sanson prend un relief accru lorsque l'on sait que Pierre Monnier et sa mère appartenaient à une famille protestante.

On a fréquemment tendance à imaginer qu'il suffit de passer « de l'autre côté du voile » pour devenir

1. Éditions Fischbacher, Paris. Il en existe une version abrégée en deux volumes, intitulée : *Au-delà de la Mort*.

instantanément omniscient. Nombreux sont ceux qui, communiquant avec le premier « esprit » venu, s'attendent à recevoir de lui des révélations transcendantes et lui posent des questions sur l'avenir, sur l'univers ou sur Dieu, comme si le fait d'avoir quitté la terre lui permettait d'avoir des vues savantes sur toutes choses, de discourir sur n'importe quel sujet. Or, ce n'est pas le cas; les défunts eux-mêmes protestent énergiquement contre pareille idée. Leur nouveau mode de vie n'est que la continuation de l'ancien, et tout être humain, lorsqu'il « naît » à l'Autre monde, n'est rien de plus que la somme de ses propres pensées. Rien d'étonnant, en conséquence, si le niveau moyen des messages reçus d'outre-tombe ne dépasse pas celui d'une conversation avec « l'homme de la rue »; dans l'Au-delà tout comme ici, on peut tomber sur des gens intelligents, mais aussi sur d'autres qui le sont moins.

C'est donc très injustement que les adversaires du métapsychisme fondent parfois leur incrédulité sur le contenu — souvent insipide, parfois même grossier — des messages perçus au cours de certaines « séances », même lorsque les messagers se font allégrement passer pour l'esprit de Beethoven, de Georges Clemenceau, ou celui d'Allan Kardec lui-même; l'humour, après la mort, ne perd pas ses droits. Ne vaut-il pas mieux accorder toute leur véritable importance aux communications sérieuses, empreintes de noblesse ou de poésie, qui, de leur côté, ne manquent pas de se manifester avec bonheur?

L'homme qui vient de mourir se retrouve tel qu'il était ici-bas, son histoire continue. Par la suite, il se pourra qu'une évolution spirituelle plus ou moins longue selon les individus lui permette d'acquérir progressivement un savoir nouveau, au fur et à mesure de sa « montée » vers des « plans » plus élevés. C'est, du moins, ce qui ressort très clairement des témoignages qui nous parviennent de là-haut...

Ce qui ne peut manquer de frapper, lorsque l'on compare entre elles les informations fournies par les défunts, ce sont leurs *concordances,* portant sur des points cruciaux. (Qu'elles diffèrent dans le détail, rien de plus normal dès lors que chaque esprit conserve, au moins au début de son séjour dans l'Au-delà, le caractère, les tendances, voire certaines options philosophiques, religieuses, et même antireligieuses, qui furent siennes durant son existence terrestre.)

Mais, beaucoup plus que ces divergences, ce qui étonne, ce sont les remarquables *similitudes* qui se dégagent de ces témoignages, quelle qu'en soit l'origine; dès que les défunts, ou leurs porte-parole, dépeignent les conditions du passage de cette vie à l'autre, et celles de leur évolution ultérieure, du coup l'accord se fait : les processus décrits semblent tous relever d'un même code de « lois » qui régit, là-haut, la « nature des choses »; à tel point que l'on pourrait tirer de ces enseignements convergents une véritable *histoire naturelle* de l'Autre monde.

Ces constantes subsistent depuis les temps les plus reculés. On aurait logiquement pu s'attendre à ce que les auteurs de ces déclarations post mortem aient subi l'influence du contexte sociologique particulier aux époques où ils ont vécu; il eût été normal que leurs points de vue donnent lieu à des variations notables d'un siècle à l'autre, d'une contrée à l'autre. Or, il n'en est rien.

Il est très intéressant de retrouver sans cesse les

mêmes traits, qu'il s'agisse de messages modernes, attribués à des disparus d'aujourd'hui, ou d'écrits très anciens dus à des philosophes grecs assez obscurs, tels que Jamblique ou Porphyre, lesquels paraissaient très au fait de tout ce qui concerne le monde des esprits (qualifiés de daïmones). On découvre encore des affirmations identiques dans le *Livre des Morts tibétain*, dont la rédaction date du VIIe siècle de notre ère et s'inspire de traditions bouddhiques. Ce traité, composé du Bardo-Thödol, du Sidpa Bardo et du Chonyid Bardo, consiste en avertissements destinés à l'âme du mort afin de l'aider à trouver le chemin de la Délivrance dans un monde nouveau pour elle. On relève dans ce manuel bouddhiste de nombreuses allégations qui recoupent très exactement les enseignements des très chrétiennes *Lettres de Pierre*.

L'idée qu'il ait pu y avoir chez Mme Monnier des réminiscences du livre tibétain est à rejeter catégoriquement : le Bardo-Thödol est resté inconnu des Occidentaux jusqu'à une époque toute récente puisque sa première traduction en une langue accessible aux Européens (l'anglais) n'a été diffusée qu'en 1927 [1]. Mme Monnier n'a donc pas pu s'inspirer d'un ouvrage dont elle ignorait jusqu'à l'existence lorsqu'elle écrivait sous la dictée de son fils dès 1917, soit dix ans auparavant.

Il est légitime, juridiquement, d'accorder plus de crédit à des témoignages dont les auteurs sont éloignés les uns des autres dans l'espace et le temps,

---

1. Traduction française en 1933. On peut se procurer ce livre aux éditions A. Maisonneuve, Paris.

lorsque leurs déclarations coïncident sans qu'il ait pu y avoir entre eux la moindre connivence.

Lorsque Julien a entrepris, par curiosité, l'expérience dont il va être question, il possédait déjà sur les révélations de l'Au-delà des notions assez précises, nées de quelques lectures; il n'a donc pas cru devoir répéter, dans son rapport, ce que d'autres avaient écrit à ce propos.

C'est pourquoi il m'apparaît nécessaire — à l'intention des lecteurs non prévenus — de reconstituer une sorte de tableau approximatif de ce qui, paraît-il, « se passe dans l'Autre monde » en me fondant justement pour cela sur les nombreuses *concordances* dont je viens de parler, et en insistant sur les plus significatives, celles qui ont été le plus souvent répétées dans le cours des ans.

Que l'on ne vienne pas me reprocher de dépeindre l'Au-delà en teintes parfois sombres et de faire apparaître que, de l'autre côté, tout n'est pas uniformément rose. Bien sûr, nous aimerions tous apprendre que le Ciel, pour chaque homme quittant le monde, offre un havre idyllique de détente et de bonheur paisible. « Qu'il repose en paix! » dit la liturgie. Ne sommes-nous pas en droit d'attendre, après tant de luttes, le bienfaisant sommeil ou les éternelles délices?

Mais est-ce à moi qu'il faut s'en prendre si *tous* les témoignages recensés ne reflètent pas une égale sérénité, si — à côté de certaines visions éblouissantes — d'autres ne laissent pas de présenter des aspects quelque peu inquiétants? Je me suis borné à rassembler des attestations dont les auteurs allégués parlent de ce qu'ils ont vu, connu, éprouvé après leur mort; ils affirment avoir fait *l'expérience* du passage à l'autre vie, ce dont aucun de nous ne peut se targuer. Leurs confidences d'outre-tombe sont le plus souvent joyeuses; mais elles ne le sont pas toujours. Il arrive que l'âme d'un défunt connaisse de mauvais moments. Je n'y peux rien, et je le déplore tout le premier; ne suis-je pas aussi directement « concerné » que tout un chacun?

Mieux vaut considérer les choses en face et ne pas nous bercer de vaines illusions. Nous sommes d'ailleurs, à notre époque — exactement depuis la résurrection de Jésus-Christ —, beaucoup mieux partagés que nos ancêtres païens des ères pré-chrétiennes : rappelons-nous que ceux-ci, avant d'avoir reçu la Bonne Nouvelle de la « grâce » et du « salut », n'escomptaient qu'une après-vie sans joie : l'*hadès,* les *inferi,* le *schéol,* séjours traditionnels des morts, n'évoquaient que tristesse, pénombre crépusculaire, grisaille, errance sans but, ou flammes dévorantes. Serait-ce une coïncidence? C'est à partir de la Rédemption annoncée par l'Evangile que la Vie éternelle a revêtu les couleurs éclatantes auxquelles nous nous sommes accoutumés en Occident[1]. Réjouissons-nous donc, puisque nous bénéficions d'une promesse que les anciens n'avaient pas connue. Car, alors même que nous ne faisons pas, sur terre « tout le bien que nous voulons, mais le mal que nous ne voulons pas » (l'expression est de saint Paul), nous

1. Les fresques des catacombes romaines témoignent de la foi et de l'enthousiasme des premiers chrétiens à l'égard de la Vie éternelle, traduite en symboles : Jonas sortant du poisson, petits poissons tirés hors de l'eau par le divin Pêcheur, résurrection de Lazare, etc.

avons pourtant le devoir de conserver, chevillée au cœur, la plus sublime Espérance.

Ne nous laissons pas abattre par les ombres et gardons les yeux fixés sur les horizons illuminés, débordants d'ineffables merveilles, que nous promettent les bienheureux...

4

L'EXPÉRIENCE DE L'APRÈS-VIE

Plus d'une fois, au long des pages qui vont suivre, le lecteur aura l'impression de subir un cours de morale bien-pensante. Je le supplie de se défendre contre cette idée.

Il n'est nullement question ici d'une éthique fondée sur des notions abstraites de « bien » et de « mal »; je n'ai pas l'intention d'exhorter mes semblables à assumer une « bonne » conduite en vue des récompenses promises dans le Ciel à ceux qui auront « fait le bien », ni d'effrayer les « méchants » en les menaçant des tourments de l'enfer... Ni récompenses ni châtiments : abandonnons la notion de sanctions arbitrairement distribuées par une sorte de dieu Croquemitaine; parlons plutôt de *conséquences* obéissant à des relations *de cause à effet.*

Si le témoignage universel des défunts ne nous a pas induits en erreur, ces « conséquences » sont celles qui découlent, de par la *nature* des choses, de notre comportement général en cette vie, de nos préoccupations majeures, de nos désirs, de nos passions. J'insiste sur le mot « nature », car *le point de vue auquel je veux situer cette étude n'est pas celui du « surnaturel »;* j'entends par là que, si nos morts vivent, c'est que cela fait partie de leur nature, qu'il serait contraire à leur nature qu'il en fût autrement; que les conditions de la vie dans l'Au-delà sont l'effet de dispositions « naturelles » aussi inéluctables que nos lois physiques (thermodynamique, gravitation) en ce monde-ci. Dégageons-nous donc de toute pensée conventionnelle qui ferait intervenir ici le merveilleux ou le fantastique : cherchons plutôt à connaître ce qui, dans cet Au-delà si mal connu, est conforme aux nécessités qui le régissent *naturellement.*

Donc, plutôt qu'un sermon moralisateur, apprêtons-nous à recevoir des témoins de l'Autre monde une stricte « leçon de choses » dépouillée de toute bigoterie.

LE MOMENT DE LA MORT

Selon ce que l'on nous apprend, le passage (s'il se produit dans des conditions normales) s'effectue de manière insensible : « L'esprit de l'homme, dit Swedenborg, reste peu de temps dans le corps, mais seulement jusqu'à ce que le mouvement du cœur ait totalement cessé, ce qui se fait avec variété selon l'état de la maladie dont l'homme meurt. » Et les *Lettres de Pierre* : « L'Esprit ne sera pas aussitôt dégagé de la matière et le sommeil restera nécessaire, sorte de gestation qui précède la nouvelle naissance de l'âme. »

Même son de cloche dans le *Livre des Morts tibétain* : lorsque cesse la respiration, « la conscience s'est évanouie. La durée de cet état est incertaine. Elle dépend de la constitution bonne ou mauvaise des nerfs et de la force vitale ». Et le texte ajoute : « A ce moment (durant ce sommeil), la première perception de la Claire Lumière de la Réalité, l'esprit parfait du Dharma-Kaya, est sentie pour tout être animé... La Claire Lumière Primordiale, si elle a été reconnue, a fait atteindre la Libération. » Cela concerne, évidemment, les saints, seuls capables de « reconnaître » cet appel divin; comme le dit le cardinal Daniélou, « seuls les grands mystiques qui ont déjà traversé dans cette vie toutes ces épreuves purifiantes, aborderont la vision faciale (de Dieu) quelque peu préparés. Mais pour nous, pauvres êtres encore si charnels, il faudra que nous soyons progressivement adaptés au poids écrasant de la gloire. Cela supposera toute une transformation du plus profond de nous-mêmes, à la fois purifiante et transformante. C'est là le feu du Purgatoire [1] »...

Selon le témoignage d'une religieuse décédée, sœur Marie-Gabrielle, « l'âme, en quittant son corps, se trouve toute perdue, toute investie en Dieu. Elle ne Le voit pas, mais elle est anéantie par Sa présence. Elle se trouve dans une telle clarté qu'en un clin d'œil elle aperçoit sa vie entière, par conséquent ce qu'elle mérite [2]... ».

D'une façon générale, il semble que le souvenir de cette première vision s'évanouisse lors de l'éveil de la

1. Cf. *La Survie après la Mort*, op. cit.
2. Extrait du « Manuscrit du Purgatoire », édit. Notre-Dame de la Bonne Mort, à Tinchevray (Orne).

conscience hors du corps; les disparus n'y font pas souvent allusion.

L'EVEIL DANS L'AU-DELA

« Un phénomène à peu près constant, écrit Allan Kardec, c'est la persuasion où il (le défunt) est de n'être pas mort, et cette illusion peut durer plusieurs mois et même plusieurs années. » Nouveau détail confirmé par de nombreux témoins. Plus la mort a été brutale, moins le trépassé a le loisir de prendre conscience de son véritable état. Pierre Monnier, atteint d'une balle ennemie, se voit — après son premier évanouissement — auprès de sa mère qu'il essaye en vain de consoler, navré de constater qu'elle ne l'entend pas. On lit dans le Sidpa Bardo tibétain : « A tous ceux qui te pleureront, tu diras : « Je suis ici, ne pleurez pas. » Mais comme ils ne t'entendront pas, tu penseras : « Je suis mort », et tu te sentiras malheureux. Ne sois pas malheureux pour cela. »

Celui qui, de par ses croyances, s'attendait à survivre à son corps physique, s'adapte plus rapidement aux circonstances. Allan Kardec : « La sensation, que l'on pourrait appeler physique, est celle d'un grand soulagement et d'un immense bien-être; on est comme délivré d'un fardeau et l'on est tout heureux de ne plus ressentir les douleurs corporelles (...), de se sentir libre, dégagé, alerte, comme celui auquel on viendrait d'enlever de lourdes chaînes. »

Mais le matérialiste qui pensait sombrer dans un néant total est non seulement surpris, mais effrayé :

il ne comprend rien à ce qui lui arrive. D'aucuns se voient comme en rêve entourés de leur décor familier, croient circuler dans leur demeure, ou dans des rues, étonnés de ce que personne ne leur prête attention, de ce qu'on ne leur répond pas quand ils parlent. D'autres flottent dans une pénombre indécise, emportés parfois par des coups de vent violents; certains ont froid; certains, tout simplement, s'ennuient...

Après le choc psychologique causé par la notion d'être toujours « vivant » (soulagement pour les uns, déception troublante pour d'autres), une deuxième surprise attend les désincarnés : celle de s'apercevoir qu'*ils ont un corps...*

LE « CORPS SPIRITUEL »

« Pour vous, — dit Pierre Monnier —, les âmes sont de vagues nébuleuses flottant dans l'erraticité céleste. Il n'en est pas ainsi; l'âme a une constitution tout aussi bien que le corps animal, et son corps (le corps spirituel) existe, avec ses facultés spéciales, approprié au nouvel état qui est devenu son existence. (...) Le « corps spirituel », dont vous a parlé saint Paul[1], possède lui aussi des organes qui lui

1. Première épître aux Corinthiens, 15, 39-44. « Toutes les chairs ne sont pas les mêmes, mais autre est la chair des humains, autre la chair du bétail, autre la chair des oiseaux, autre celle des poissons. Il y a (de même) des corps célestes et des corps terrestres, mais autre est l'éclat des célestes, autre celui des terrestres. »

sont propres, des facultés qui nous permettent de vous voir, de vous entendre, de vous parler, de nous souvenir, de vous aimer... »

D'après Swedenborg, il n'existe en apparence aucune différence entre ce nouveau corps et l'ancien, ou, plus exactement, le principal intéressé n'en discerne aucune, si ce n'est qu'il est débarrassé de ses infirmités. « De là résulte que l'homme, devenu Esprit, ne sait autre chose sinon qu'il est dans le corps dans lequel il était dans le monde, et par suite, ne sait pas qu'il est mort. »

Allan Kardec : « Dans sa nouvelle situation, l'âme voit et entend ce qu'elle voyait et entendait avant la mort; mais elle voit et entend plus de choses qui échappent à la grossièreté de ses organes corporels; elle a des sensations et des perceptions qui nous sont inconnues. »

Et le Sidpa Bardo tibétain : « Quand tu es revenu de cet évanouissement (premier), le Connaisseur s'est levé en toi... et un corps radieux ressemblant à ton corps précédent s'est élancé... doué de toutes les facultés des sens et du pouvoir du mouvement libre... de telle sorte que tu as maintenant le pouvoir de passer au travers des masses rocheuses, collines, caillou, terre, maison, et du mont Méru lui-même, sans être arrêté... »

De tout temps, les occultistes ont affirmé l'existence de ce « corps spirituel » en lui accolant toutes sortes de noms : corps astral, fluidique, éthérique, corps subtil, périsprit, etc. Tous l'ont décrit comme une sorte de « double », capable d'une action autonome, même pendant la vie terrestre (comme dans les cas de « dédoublement » ou « out-of-body experiment »). Mais donner des noms à une chose inconnue ne suffit pas à la rendre connue; encore moins à rendre son existence plausible.

C'est pourquoi — même si nous avons hâte de savoir ce qui se produit dans les phases suivantes de la vie des âmes — il est nécessaire de nous arrêter un instant pour examiner ce problème important et tenter de donner à ce « corps spirituel » la part qui lui revient de *vraisemblance.*

LES RUSSES ET LE CORPS « BIOPLASMATIQUE »

On pourrait voir dans cet assemblage de mots : corps spirituel, une contradiction interne. Les conventions du langage veulent qu'il n'y ait de « corps » que « matériel », l'esprit se réservant les « formes » et les « idées ».

Mais c'est le langage usuel qui a tort. Nous avons appris, depuis Heisenberg, que les particules dont est formée la « matière » refusent de se laisser enfermer dans le cadre des lois de la physique classique; on sait que l'atome ne se laisse pas représenter en termes d'espace tridimensionnel, de temps, ou de cause. Ce qui revient à dire, en quelque sorte, que la « matière » est formée de quelque chose qui n'est pas tout à fait de la matière, au sens où nous utilisons ce mot d'habitude[1].

---

1. Arthur Kœstler cite cette boutade du mathématicien Bertrand Russel : « La matière est une formule commode pour décrire ce qui se passe là où elle n'est pas. » (*Les Racines du Hasard*).

Quant à l'esprit, nous ne savons pas de quoi il est fait. Les Russes, matérialistes par idéologie, supposent aujourd'hui que la pensée pourrait être, elle aussi, formée de particules qu'ils ont décidé de nommer « biotrons » ou « psychotrons ». Pourquoi pas? Attendons de voir. S'il en était ainsi, la subsistance après la mort d'un corps dit « bioplasmatique », invisible dans des conditions normales, cesserait d'être une improbable fantasmagorie.

Invisible dans des conditions normales, certes; mais cependant capable d'impressionner les détecteurs du Dr Sergeiev, (ainsi que nous l'avons vu au chapitre II), sensibles aux ondes magnétiques libérées jusqu'à une distance de 4 m d'un sujet.

Visible aussi dans des conditions *paranormales* : les clairvoyants ont toujours affirmé qu'ils pouvaient distinguer l'*aura,* sorte de frange lumineuse et diversement colorée qui déborde légèrement les limites du corps de chair, lui composant ainsi une auréole; cette frange serait due au rayonnement de cet autre corps, le corps-énergie, ou corps « astral ». Au début de ce siècle, un médecin anglais, le Dr Kilner, affirmait que l'aura devenait visible pour lui lorsqu'il regardait au travers de plaques de verre enduites de dicyanine...

Et nous apprenons maintenant que cette *aura* peut être *photographiée,* grâce à un procédé découvert par un ménage de techniciens soviétiques du nom de Kirlian. Longtemps négligée par la bureaucratie scientifique, cette découverte fut enfin reconnue officiellement en 1960 et les travaux de Semyon et Valentina Kirlian reçurent une subvention de l'Etat. Ces photographies révèlent, autour de tout être vivant, plante, animal, homme, toute une gamme de phénomènes lumineux; elles complètent ainsi les enregistrements des détecteurs de Sergeiev, achevant de démontrer l'existence du corps bioplasmatique[1].

Le jour n'est peut-être plus très loin où nous posséderons sur ce sujet des notions précises et des assurances scientifiques. Depuis que saint Paul a, pour sa part, affirmé la réalité des corps « célestes » (dont la substance diffère des « terrestres ») jusqu'aux trouvailles de Semyon Kirlian, il aura fallu patienter près de vingt siècles.

Quant à savoir si ce corps-énergie est capable de prolonger son existence une fois le corps charnel éteint et décomposé, c'est ce qui reste à déterminer. Mais il est assez réconfortant de lire (toujours dans le même reportage mentionné en note) les lignes suivantes :

« Au cours de leurs expériences sur le procédé (photographique) Kirlian, les Russes ont souvent eu l'occasion de photographier le corps-énergie au moment de la mort. Petit à petit tandis que se meurt le corps physique, on peut voir des étincelles et des éclairs provenant du corps bioplasmatique jaillir dans l'espace, s'élever lentement dans les airs, puis disparaître hors de vue. Bientôt, toute luminosité a disparu de la plante ou de l'animal mort, et pendant ce temps les détecteurs de champs biologiques situés un peu plus loin continuent à enregistrer la vibration du champ de force de ces corps encore chauds.

---

1. On aura intérêt à prendre connaissance des chapitres passionnants consacrés aux problèmes du « corps-énergie » par S. Ostrander et L. Schrœder dans *Fantastiques Recherches parapsychiques en U. R. S. S.* (Laffont).

Cette énergie proviendrait-elle du corps bioplasmatique? Grâce au procédé Kirlian, il sera peut-être possible de jeter une lumière nouvelle sur le mystère de la mort. »

LA PERENNITE DE LA PERSONNALITE

Poursuivons notre voyage dans cet étonnant Ailleurs.

Ce qui survit à l'arrêt des fonctions du corps charnel est donc — nous affirme-t-on — constitué d'une sorte de corps « psychique » où se trouve conservée la personnalité totale du défunt. Entendez par là son « moi », sa conscience éveillée, mais aussi tout son inconscient, sa mémoire, son caractère, ses tendances, ses goûts. Tout ce que nous avons été, et principalement *tout ce que nous avons aimé* ici-bas, voilà ce qui « passe » intégralement dans l'Autre monde.

De ce fait, les conditions d'adaptation à ce monde « autre » dépendront de l'orientation que nous aurons donnée à nos désirs terrestres. C'est pourquoi il est bon d'y réfléchir dès maintenant et de se souvenir de cette parole : *Tu récolteras ce que tu auras semé.*

Prenons le cas d'un personnage avare et orgueilleux qui aura consacré toutes ses forces vives à assurer sa réussite sociale, à amasser des biens, à remplir ses réserves d'objets rares, pour le plaisir d'éblouir ses semblables et de posséder le plus de choses possible. Posséder et dominer : voilà ses idées fixes.

Parvenu de l'autre côté, il demeurera sous l'emprise de ces tendances *qui le constituent*, qui *sont* l'essentiel de son corps psychique; en sorte qu'il ne pourra faire autrement que de continuer à vouloir les satisfaire. Mais, dans le monde de l'Esprit, il ne trouvera plus d'objets qui se puissent « posséder », plus d'entourage disposé à l'admirer et à se plier à ses ordres; la sensation de dépouillement, de frustration, sera pour lui d'autant plus atroce qu'elle présentera un caractère définitif et irréversible.

Comprenons-nous bien : il ne s'agit pas, je le répète, de « morale ». Ce n'est pas parce que l'orgueil et l'avarice sont de « très vilains défauts » que notre homme sera « puni », « châtié », en vertu d'un code pénal instauré par un despote inflexible; ce sont *ses travers mêmes* qui se retourneront contre lui du fait que, ayant façonné son âme en fonction de ses désirs terrestres, il se verra soudain coupé de tout ce à quoi il avait attaché une importance suprême. Ses efforts ne trouvant plus d'emploi, ses besoins dominants ne pouvant plus être satisfaits, il ne connaîtra plus que la faim et la soif dans le feu des désirs irréalisables.

Imaginons par contre un homme généreux, ouvert, disponible, non imbu de lui-même, soucieux du bien commun et modérément attaché aux choses de ce monde; celui-là abordera l'autre rive dans des conditions infiniment meilleures, car les dispositions de son psychisme sont de celles qui trouveront toujours à s'employer, quel que soit l'environnement, quel que soit le cadre où il se situe : dans le monde des Esprits autant et plus que sur la terre, il y a toujours des possibilités d'aimer, d'échanger, de donner de l'amour et de la lumière...

C'est ce qu'exprime aussi Swedenborg lorsqu'il dit que « ceux qui ne remplissent point d'usage pour le (bien) commun sont rejetés du Ciel, parce qu'ils sont des parties hétérogènes ». Mais « ceux qui, dans le monde, aiment le Bien du Prochain comme leur Bien propre sont ceux qui dans l'autre vie aiment et cherchent le Royaume du Seigneur ».

Ce qui précède est d'autant plus important qu'une règle d'or paraît ordonner l'Autre monde — une de ces « lois naturelles » dont j'ai parlé —, selon laquelle *les semblables s'attirent* : les âmes se groupent et s'unissent suivant leurs affinités.

Certains auteurs évoquent à ce propos l'idée de « vibrations » harmoniques ou dissonantes; on ne sait pas, évidemment, si les esprits sont réellement formés de « vibrations », mais il est certain que cette comparaison décrit assez bien ce qui a l'air de se passer : les corps psychiques s'unissent ou se repoussent selon que leurs « ondes » s'accordent ou non.

Ainsi, l'homme aimant, sociable, sera vite entouré d' « amis » dont les penchants seront les mêmes que les siens. Au nombre de ceux-ci pourront se trouver les défunts de sa famille, les êtres chers, mais aussi des relations nouvelles, guides bienveillants dont les tendances s'harmonisent avec celles qui furent siennes; ils formeront des groupes agréables au sein desquels l'entente sera facile et où chacun se sentira à l'aise.

Inversement, le violent rencontrera des violents, le menteur se mêlera à des menteurs, le haineux se heurtera à de la haine : ainsi se formeront d'épouvantables nœuds de vipères, littéralement infernaux, dont il ne sera possible de se dégager que grâce à d'éventuelles interventions extérieures : prières, intercessions, secours venus d'amis, etc.

Pensons-y : c'est dans le cours de cette vie terrestre que nous préparons tout cela. N'attendons pas de nos mauvais instincts qu'ils nous procurent plus tard bonheurs et joies, et rappelons-nous que, de par la nature des choses et non par décret, seul l'amour désintéressé engendre l'amour. Les sages et les prophètes nous l'ont répété en tous temps : nous avons été prévenus. Prenons au sérieux les conséquences ultimes de nos actes et de nos aspirations en cette vie : notre Vie éternelle est déjà engagée, ici et maintenant.

Comme le dit encore le cardinal Daniélou :

« Loin que la perspective de la vie éternelle soit, comme on le reproche parfois aux chrétiens, une évasion, et les empêche de s'intéresser aux choses du moment, au contraire, elle charge ce moment présent d'une signification très lourde, puisque nous serons éternellement ce que nous nous serons constitués durant notre existence terrestre. La vie prend alors tout son sens dramatique. Elle nous est donnée pour être chargée de la plus grande mesure possible d'amour, car c'est sur l'amour que nous serons jugés. »

LES REALITES IRREELLES

On trouvera dans le rapport de Julien un passage où, à propos des « rêves » de l'esprit, « Alain », se grisant dans l'Au-delà de promenades équestres imaginaires, et cependant, pour lui, réelles, notre ami cite un extrait des *Lettres de Pierre* décrivant la

« solidité » des rêves du Ciel : « Vous songez à un palais, il s'édifie; à un océan, vous pouvez y naviguer. » Pierre revient plusieurs fois sur la puissance évocatrice de l'imagination des défunts.

« (Les conditions de vie dans le ciel) sont infinies et difficiles à raconter, car elles varient avec chaque esprit. Les occupations, (...) les choses qui nous entourent, tout cela étant devenu spirituel, se déplace et se transforme par l'effet de notre pensée. (...) Pour nous qui sommes esprits, tout ce qui se déroule par l'esprit dans l'esprit a une existence séparée et « spirituellement matérialisée ». Je veux dire que les créations immatérielles que vous appelez rêves (je ne parle pas de ceux qui accompagnent le sommeil) ayant une composition fluidique semblable à la nôtre, sont aussi vrais et positifs que nous-mêmes. Nous vivons dans cette ambiance psychique et, selon l'état de nos âmes, nous nous entourons de « réalités irréelles », s'il est possible d'ainsi dire, qui répondent à notre degré d'élévation. »

Swedenborg renverse les termes et nomme ces « réalités irréelles » : *apparences réelles* parce que. dit-il, « elles existent réellement ». Mais le Bardo-Thödol met le défunt en garde contre ces « illusions de forme-pensée » qui ne seraient que des projections mentales et rien d'autre (nous serons obligés de revenir sur cette contradiction qui, on le verra, n'en est pas une).

De là, une profonde diversité dans les dépositions de nos témoins lorsqu'ils décrivent leur environnement. « Chacun raconte son rêve, qui n'est pas le rêve des autres; chacun dit ce qui est la vérité pour lui, mais que d'autres n'ont pas expérimentée » (Pierre).

Certains messages donnent lieu à des récits tellement matérialisés que notre esprit critique en est choqué : ainsi lorsque Swedenborg veut nous persuader que, dans le Ciel, les Anges habitent dans des « demeures », « tout à fait comme sont sur la terre les habitations qu'on nomme maisons, mais plus belles... J'ai vu des palais du Ciel, qui étaient si magnifiques qu'ils ne peuvent être décrits. En haut ils brillaient comme s'ils eussent été d'or pur, en bas comme s'ils eussent été de pierre précieuse... Les fleurs dans les parterres, par leurs couleurs, présentaient comme des arcs-en-ciel... »

Nous ne pouvons nous empêcher de sourire. Certains d'entre nous prennent prétexte de ces invraisemblances pour récuser l'authenticité de ces révélations. Mais c'est procéder un peu vite et sans aller au fond des choses.

Un ouvrage anglais intitulé *Post-Mortem Journal* (édit. Neville Spearman, Londres), rédigé par un médium, Mrs Jane Sherwood, reproduit les messages d'un désincarné qui se présente sous le pseudonyme de Scott (et qui ne serait autre que l'esprit du célèbre T.-E. Lawrence). Tout ce que cet esprit raconte affecte un aspect résolument *concret*. Lorsqu'il se réveille, lui aussi, de son évanouissement premier à la suite d'une mort accidentelle, rien d'étonnant à ce qu'il pense être toujours vivant puisque son Au-delà, à l'en croire, comporte une ville, des rues, des passants, des squares publics avec des bancs, et même un magasin d'habillement où on lui procure des vêtements nouveaux... Plus tard, lorsque des compagnons l'auront informé de son état et que commencera son éducation spirituelle, nous le retrouverons installé dans un délicieux cottage entouré de verdure, et recevant de véritables cours dans une université en tout point calquée sur les universités anglaises. Comme il est évidemment difficile de croire cela (à moins d'être disposé à croire n'importe quoi), on sera enclin à s'indigner devant l'étalage de pareilles sottises.

Pour sa part, Mrs Jane Sherwood se contente de noter : « En ce qui concerne la validité de l'information contenue dans le journal de Scott, je ne peux offrir en garantie que ma propre honnêteté; ce que j'ai reçu, je l'ai transcrit sans y apporter de modifications ni d'additions. Au lecteur d'en évaluer, pour son propre compte, le degré de probabilité. »

Mais c'est ici que les enseignements de Pierre Monnier à propos des « réalités irréelles » nous aident à comprendre que l' « esprit » Scott *rêve* tout ce qu'il raconte, et que ce rêve prend pour lui l'aspect de la réalité positive; cela d'autant plus que le scénario de ce rêve ne se départ jamais de sa cohérence et se soumet à une rigoureuse logique interne. A travers cette relation, dont l'action se déroule dans des décors inspirés par des souvenirs terrestres, nous suivons la démarche d'une évolution intérieure, spirituelle, conforme à celle que l'on pourrait attendre d'un personnage tel que Scott. Le dernier chapitre de ce « Journal » est d'ailleurs consacré à la façon dont ses modes de perception se transforment au fur et à mesure de son élévation : sa vision des choses se déconcrétise et devient, dit-il, plus émotionnelle qu'intellectuelle...

Dans les premiers temps, le désincarné se laisse persuader par ces phantasmes qu'il prend pour des réalités extérieures à lui-même et auxquelles il ne commande pas; mais vient le moment où il s'aperçoit qu'il lui est possible de les diriger, de les interrompre, de les transformer, de les orienter à sa guise. La tentation est grande alors de se lancer dans des élucubrations agréables, en brodant sur des thèmes de la vie passée, embellis à volonté selon le goût de chacun; tentation dont il est urgent de se méfier.

Je me souviens d'avoir lu naguère, dans un livre aujourd'hui introuvable, le témoignage d'une comédienne défunte qui, parvenue dans le monde des Esprits, occupait son ciel à s'inventer de nouveaux succès théâtraux; devant un public imaginaire qu'elle voulait enthousiaste, elle brûlait les planches et brillait de tout son esprit, de tout son talent, de toute son éclatante jeunesse, se grisant d'applaudissements et de bouquets de roses. La malheureuse n'avait-elle pas quelque raison de se croire parvenue au Paradis?...

Prenons un autre exemple : voici, mettons, un homme qui a toujours éprouvé le désir de voyager, mais n'a pu, pour une raison ou une autre, satisfaire cette envie. Il est tout heureux dans son Au-delà, de combler ce manque en se fabriquant psychiquement une sorte de « paradis du touriste », visitant toutes sortes de contrées, s'absorbant dans la contemplation de paysages merveilleux, imaginaires mais pourtant véridiques aux yeux de son âme. Comment ne pas se laisser tenter? La perspective de pouvoir, enfin, faire tout ce qui nous plaît a quelque chose d'enivrant, d'autant plus que ces plaisirs gratuits ne portent apparemment préjudice à personne...

Malheureusement, ils portent préjudice au désincarné lui-même. Car toute l'énergie psychique ainsi dépensée en de vaines fantasmagories ne se récupère jamais.

Ce n'est pas pour rien que tous les Sages du monde ont recommandé aux humains de ne pas trop s'attacher aux divertissements terrestres, et d'être prêts à y renoncer à l'heure voulue; d'user de leurs biens comme n'en usant pas, de les posséder comme ne les possédant pas (saint Paul).

Les passions terrestres, transportées dans l'Autre Monde, demeurent *sans objet*, et leur assouvissement ne répond qu'au souci de se procurer des joies égoïstes, sans laisser de place aux possibilités d'un ressourcement. Le désincarné qui ne recherche que ses propres satisfactions est comparable à un moteur fonctionnant en circuit fermé sans s'alimenter en forces neuves, en sorte qu'il s'appauvrit plus ou moins rapidement, jusqu'à ce que ses provisions soient épuisées. Il se retrouve alors dépouillé et nu.

« Alors, dit l'Evangile, il en sera au Royaume des Cieux comme de dix vierges qui allèrent, munies de leurs lampes, à la rencontre de l'époux. Or, cinq d'entre elles étaient sottes et cinq d'entre elles étaient sensées. Les sottes prirent leurs lampes, mais sans se munir d'huile; tandis que les sensées, en même temps que leurs lampes, prirent de l'huile dans des fioles... » On se souvient de cette parabole évangélique (Matt. 25, 1-13) : elle illustre très exactement ce que nous venons de dire. Il faut prévoir une réserve d'huile si l'on veut pouvoir allumer sa lampe, ou vérifier soigneusement la charge de ses accumulateurs si l'on veut faire démarrer sa voiture par une nuit froide...

L'âme qui a gaspillé son énergie en rêves frivoles

se retrouve en fin de compte telle qu'en elle-même la Vérité la change, c'est-à-dire réduite à sa plus simple expression : plus de masque, plus de secret; le temps du mensonge et du bluff est révolu. L'âme a perdu son faux vêtement de gloire et il ne reste d'elle que ce qu'elle dissimulait aux autres, ce qu'elle se cachait à elle-même en le refoulant dans son subconscient. Maintenant, tout est là, visible[1]...

Et c'est alors que sonne l'heure du « Jugement ».

Les âmes sensées, qui ont eu dès cette vie la prudence d'écouter les préceptes des Sages, ou les conseils de leurs guides dans l'Au-delà, n'ont pas à craindre ce « jugement »[2]. Car elles ont compris que l'unique source de Vie, sur la terre comme au ciel, l'énergie créatrice par laquelle les univers existent et se perpétuent, est l'Amour — l'un des synonymes de Dieu. Quiconque manque d'amour désintéressé s'étiole et meurt de consomption. Aimer est aussi nécessaire dans l'Au-delà que le boire et le manger dans cette vie-ci.

Soucieuses de se désencombrer de préoccupations désormais inutiles, ces âmes mieux inspirées s'efforcent de dénouer peu à peu les liens qui les

---

1. Evangile selon saint Luc, 12, 2-3 : « Il n'est rien de voilé qui ne doive être connu... Tout ce que vous aurez dit dans les ténèbres sera entendu au grand jour, et ce que vous aurez dit à l'oreille dans les pièces les plus reculées sera proclamé sur les toits. »

2. Evangile selon saint Jean, 5,24 : « Celui qui croit en moi et en Celui qui m'a envoyé a la Vie éternelle et *n'est pas soumis au Jugement* ; mais il est passé de la mort à la Vie. » Et aussi : (Luc, 6.37) « Ne jugez pas, et vous ne serez pas jugés, ne condamnez pas, et vous ne serez pas condamnés. »

retiennent encore aux vanités d'une vie terminée, — ce qui, parfois, ne va pas sans provoquer des arrachements douloureux (c'est le purgatoire). Mais du moins, ainsi allégées, portées de surcroît par les prières des êtres chers, c'est dans des conditions beaucoup plus favorables qu'elles se présenteront devant les « juges ».

Pierre Monnier : « ... La vérité est que nous *pouvons* vivre d'une vie où le délassement n'est pas défendu, et que je comparerai aux rêveries de votre imagination, devenues momentanément *réalités.* (...) Mais si cette faculté nouvelle est une des jouissances de notre état d'esprits désincarnés (donc libres et créateurs), elle ne constitue *pas notre vie.* A mesure que nous évoluons, les élans et les enthousiasmes, que nous revêtons passagèrement d'une forme, d'un corps, font partie d'un cycle d'idées plus élevées, plus épurées, plus subtiles. La recherche de la volonté de Dieu remplit notre esprit dégagé des préoccupations secondaires. »

Les songes paradisiaques ne sont donc pas, là-haut, totalement interdits; mais il ne faut leur accorder qu'une valeur de divertissement temporaire. L'essentiel est que ces moments de détente ne nous fassent pas perdre de vue le but lumineux des chemins montants.

5

LE JUGEMENT

Aussi déplaisant et redoutable qu'en puisse apparaître l'idée, l'épisode du Jugement se retrouve dans toutes les traditions et dans tous les folklores, aussi bien païens que bouddhistes ou chrétiens (on le représentait en forme de « mystère » sur le parvis des cathédrales). Les défunts du monde entier, à travers tous les siècles, en ont brossé un tableau plus ou moins angoissant. La légende y introduisait des personnages terribles : divinités infernales chez les Grecs; archanges et démons chez les chrétiens; déités irritées, « entourées de flammes et buveuses de sang » aux Indes...

Bien entendu, il ne s'agit pas réellement d'un tel tribunal.

Le véritable « juge », et le plus sévère, n'est-il pas dans le regard de l'âme elle-même qui, pour la première fois peut-être, se voit telle qu'elle est? Et les témoins les plus implacables ne sont-ils pas les souvenirs soudainement surgis de la mémoire, retraçant tous les actes accomplis et exposés dans toute leur portée? Y a-t-il enfin bêtes plus féroces que les remords, les regrets trop tardifs, et le sentiment de l'irréparable?

Jésus disait : « A celui qui a, on donnera; mais à celui qui n'a pas, on enlèvera même ce qu'il a. Et ce serviteur inutile, on le jettera dehors dans les ténèbres; là seront les pleurs et les grincements de dents. » (Matt. 25, 29-30.)

Qu'advient-il de ces réprouvés?

Les Esprits qui instruisaient Swedenborg ne lui ont indiqué que deux chemins pour sortir du Monde des Esprits : celui qui conduit au Ciel, et celui qui mène à l'Enfer. Qu'est-ce que l'Enfer? Ce n'est pas un lieu, mais *un état* : l'état de celui qui, sur terre, a voulu et aimé le Mal et qui continue, dans l'Au-delà, à vouloir et à aimer le Mal; qui refuse par conséquent d'en être séparé. L'homme dont le vouloir est mauvais se trouve en dissonance avec le Bien et le Vrai; la compagnie des bons lui devient vite insupportable et il les fuit, leur résiste de toute son énergie; il s'enferme ainsi lui-même dans l'état infernal, où il se retrouve entouré de ses semblables dans le mépris des autres, l'envie, l'hostilité réciproque, les ruses, les fourberies, les vengeances et les cruautés. « Voilà, ajoute Swedenborg ce qui est entendu par le feu, dans la Parole. »

« C'est donc l'homme, précise-t-il encore, qui après la mort se précipite dans l'Enfer, ce n'est point le Seigneur qui l'y précipite. »

On pourrait dire, en somme, que le séjour infernal n'est peuplé que de volontaires — ce qui est très différent de l'idée que l'on nous en a trop souvent donnée ici-bas...

Si l'on ajoute à cette définition swedenborgienne le fait que, selon le Bardo-Thödol, les projections du mental (formes-pensées) sont perçues par les âmes sous l'aspect de correspondances symboliques, c'est-à-dire en visions monstrueuses, on retrouve l'origine des images dantesques sous lesquelles furent dépeints les enfers traditionnels.

... Et nous reculons épouvantés. De nos jours, cette forme de justice nous paraît difficilement tolérable. Peut-être est-ce le signe d'un progrès humain, puisque notre sensibilité accrue ne peut plus supporter l'idée d'un anéantissement au milieu des souffrances implacables : au cours des siècles passés, nos pères ne montraient pas un épiderme aussi chatouilleux et se contentaient fort bien de vivre « dans la crainte de l'Enfer ». Il est vrai qu'en son for intérieur chacun devait penser que ce sont là des choses qui n'arrivent qu'aux autres...

Mais les Messagers sont loin d'être tous d'accord avec le voyant suédois : ils sont nombreux à remplacer l'Enfer par une peine d'un autre ordre, — je veux dire que, à la façon des religions orientales, ils soutiennent la thèse de la *réincarnation*.

Pierre Monnier lui-même — d'ordinaire très soucieux d'orthodoxie chrétienne, et toujours en quête de références bibliques — évoque l'éventualité de la réincarnation, tout en marquant de nettes réticences : « Qu'il est difficile de vous faire pénétrer dans ces hauteurs spirituelles! C'est à ce moment (il s'agit du Jugement personnel) où l'âme se voit soudain dans sa honteuse nudité, que Dieu consent à son retour sur la Terre; ce que vous appelez la réincarnation. Effectivement, la réincarnation se produit parfois, mais bien moins fréquemment que ne le croient certains psychistes; c'est, en général, par humilité, par repentir, par *pénitence*, que l'âme, dont les voiles trompeurs viennent d'être déchirés à ses regards consternés, *demande* à recommencer l'œuvre charnelle, afin de prouver son désir sincère de progrès et sa douleur d'avoir été jugée indigne. »

Voilà qui est assez déroutant. Notons que Pierre prend soin de nous dire que ce retour à une autre vie terrestre est « moins fréquent que ne le croient certains psychistes » — allusion non déguisée aux dogmes des spirites, qui sont résolument réincarnationnistes. Et il ajoute encore ceci : « Cette question de la réincarnation soulève des problèmes très troublants pour les intelligences terrestres. (...) J'évite le plus souvent d'en parler pour cette raison. »

En regard de ces scrupules, le *Livre des Morts tibétain* n'éprouve évidemment aucun embarras à affirmer, conformément à la thèse bouddhiste, que toutes les âmes, sans exception, tant qu'elles n'ont pu atteindre le niveau de la Délivrance, n'ont pas d'autre choix possible que la lente ascèse au cours de nombreuses vies successives. Ce qui ne veut pas dire, notez-le bien, que toutes les âmes imparfaites retournent vivre sur la terre : celles dont l'évolution est déjà bien engagée pourront renaître en qualité de *devas*, c'est-à-dire de créatures intermédiaires entre la divinité et l'humain; nous dirions en Occident : des anges...

Quant aux défunts que leur mauvais karma renvoie sur la terre, il ne faut pas croire qu'ils se réincarnent pour leur plaisir : le Bardo-Thödol dépeint cette rechute vers la chair sous des couleurs à la fois terrifiantes et déprimantes. Mieux vaut ne pas nous y attarder.

Y a-t-il, n'y a-t-il pas de réincarnation? La majorité des métapsychistes en tient pour l'affirmative.

Ce n'est certainement pas à moi qu'il incombe de trancher cette épineuse question. Comment oserais-je me poser en arbitre dans une controverse qui nous dépasse tous? Lorsque les Messagers eux-mêmes sont en désaccord, ou préfèrent éluder le sujet, que vaut l'opinion d'un vivant?...

Mais on ne m'en voudra pas, je l'espère, de formuler ici quelques réflexions qui n'engagent personne.

Comme chacun sait, les philosophies orientales ne connaissent le salut que sous une forme *individuelle*. On ne compte pas, là-bas, sur une main secourable qui vous tirera d'affaire en vous épargnant un bout de chemin : chacun pour soi. Chaque âme suit lentement sa voie en spirale à travers les cycles de vies successives, subissant rigoureusement les épreuves que lui ont valu ses égarements d'autrefois, et ne pouvant compter que sur elle-même pour parvenir à la Délivrance.

Il n'en va pas de même dans la perspective catholique, qui introduit un élément nouveau. Le salut, ici, est à la fois *individuel et collectif*, du fait de la Communion des Saints : la grâce peut être obtenue, non seulement par l'accumulation de mérites personnels, mais aussi par la surabondance des mérites acquis par d'autres, les meilleurs. De plus, le Christ a offert sa Rédemption à tous ceux qui ont confiance en sa Parole et s'efforcent sincèrement de la mettre en pratique; enfin (selon la foi catholique), la Vierge Marie intercède en faveur de ceux qui l'en prient; elle se fait notre avocate, « maintenant, et à l'heure de notre mort ».

Dans des circonstances aussi favorables, on ne voit pas quelle place accorder au processus de la réincarnation, sinon, comme l'insinue Pierre Monnier, pour résoudre des cas particulièrement graves, où il n'y aurait d'alternative qu'entre une damnation éternelle et un retour « exceptionnel » sur la terre.

Il coexisterait donc, dans l'économie céleste, deux régimes distincts selon que l'on a opté pour la Délivrance individuelle de l'Orient ou pour le Salut collectiviste de la Communion des Saints et de la Rédemption. Mais ce n'est là qu'une hypothèse, née du désir de mettre tout le monde d'accord... Elle se trouve d'ailleurs renforcée du fait que le Bardo-Thödol bouddhiste ne mentionne nulle part l'éventualité d'une entraide quelconque qui permettrait aux âmes défuntes de venir au secours les unes des autres, alors que les messages « christiques » de l'Occident en sont littéralement emplis. Qu'il s'agisse de Swedenborg, de Pierre, de Roland de Jouvenel, de Christopher, de Scott, de Jim Pike, tout comme des interlocuteurs de Julien, tous parlent de leur Ciel comme d'un lieu où se pratique à plein l'échange de bons procédés, au nombre desquels la prière d'intercession occupe une place non négligeable.

Je crains fort, d'ailleurs, qu'il ne se trouve parmi les adeptes de la réincarnation en Occident (je dis bien : en Occident, pas dans l'Inde) quelques personnes qui se forgent des illusions dangereuses; on les entend dire : « J'espère bien me réincarner un jour », sans se rendre compte de l'absurdité d'un pareil vœu. Autant souhaiter l'échec à un examen pour se donner la joie de redoubler une classe. En réalité, ceux qui « espèrent bien » se réincarner sont peu soucieux de perfectionnement karmique, mais simplement désireux de retrouver les plaisirs de ce monde. Ce en quoi ils se trompent : la philosophie orientale n'a jamais présenté la réincarnation comme une perspective désirable, mais plutôt comme une contrainte pénible dont mieux vaudrait être définitivement *délivré*.

Je ne peux, d'autre part, m'empêcher de trouver suspectes certaines clairvoyances ayant trait à des vies antérieures — ne serait-ce qu'à cause du nombre élevé de femmes auxquelles des médiums révèlent qu'elles furent jadis des princesses égyptiennes. On imagine mal la vogue qui pousserait tant de filles de pharaons à renaître au XXe siècle sous l'aspect de paisibles bourgeoises américaines — car c'est aux Etats-Unis que ces migrations aboutissent un peu trop souvent. D'autres furent naguère des gens de l'entourage de Jésus de Nazareth ou des gentilshommes de la cour de Louis XIV; il semble que personne ne fut jamais humble serviteur d'auberge, obscur notaire ou jardinier...

Il ne faut cependant jurer de rien. Des expériences de régression dans le temps opérées sous hypnose ont donné des résultats impressionnants. Le cas de « Bridey Murphy » est célèbre. Une autre tentative du même genre, relatée par Pierre Neuville dans *Ces vies antérieures que vous avez pourtant vécues...* (Albin Michel) mériterait de l'être tout autant.

Le débat reste ouvert...

LA « MONTEE » PROGRESSIVE

« Il ne faut pas croire, dit Pierre Monnier, que nous arrivons aussitôt après notre passage à un état de joie parfaite. Les regrets de nos imperfections, non seulement subsistent, mais sont même beaucoup plus poignants que sur la terre; il faut, en quelque sorte, *racheter*... et nous y travaillons... et Jésus nous aide... Rien ne se perd, tout porte des fruits, et la plus petite semence germe... Vous devez arracher vous-même, l'une après l'autre, toute herbe mauvaise, même celles qui portent des fleurs.

« ... Oui, nous rencontrons souvent, sur la sphère où nous sommes, des esprits plus avancés que nous... Il y a plusieurs ciels... Déjà, où nous sommes, toutes choses sont plus belles, plus pures, plus faciles que sur la terre, puisque nous n'avons plus de sens matériels — ni faim, ni soif, ni froid, ni mauvais désirs charnels —, mais tout ce qui vient de l'esprit peut encore être mauvais, coupable. Donc, aidez-nous, chers bien-aimés; les grâces que vous demandez pour nous à notre Père sont des bénédictions.

« ... Evidemment, nos yeux se sont ouverts à la connaissance nouvelle, mais pas à un arrachement complet du voile : Dieu est encore pour nous un mystère; mais nous réalisons cependant bien mieux... que le mystère de Dieu est un mystère d'amour... Oh! non! nous ne connaissons pas encore toutes choses. C'est, devant nos yeux, comme une brume qui se soulève...

« ... Le Paradis... ne s'atteint pas aussitôt après la mort, mais lorsque l'évolution de l'âme est complète; c'est ce que nous appelons ici « le face à face avec

Dieu »... Il faut de nombreuses évolutions pour y parvenir.

« L'espace n'existe pas en tant qu'espace pour un esprit désincarné puisqu'il se transporte *instantanément* au travers de cet espace et de cet infini... Il nous suffit de penser à un rapprochement avec *ceux* et *ce* que nous aimons, pour qu'il se produise...

« Recherchez l'amour, si vous voulez atteindre le *vrai* bonheur. Oh! petite Maman, c'est ce bonheur que nous trouvons dans les sphères de beauté où nous évoluons. Au premier plan de l'Outre-Tombe, nous éprouvons déjà le bonheur, selon le degré où nous le méritons, mais c'est encore un bonheur inférieur, il est encore entaché du bien-être personnel, comme sur la terre... Dès que nous sommes dignes de quitter ces sphères, nous apprenons à connaître un bonheur infini, *céleste* (il n'y a pas de meilleur mot), dans le bonheur des autres... c'est-à-dire *dans l'amour...* »

« Voici la conclusion, l'achèvement de toute l'odyssée humaine : s'épanouir dans l'Amour... Il n'y a rien de *plus*, ni rien de *mieux* à vous dire! La sérénité, qui fait de nos sphères le pays magnifique de la joie sainte et éternelle, c'est l'Amour! Or, l'Amour, vous le connaissez bien! Il est à votre portée, il vous est admissible, comme une nourriture qu'il faut défendre farouchement et répandre généreusement pour en recevoir plus encore si vous l'offrez avec plénitude. L'Amour, c'est le miracle des noces de Cana : il change l'eau en vin..., il ne s'épuise point, mais se renouvelle, à mesure que vous le donnez sans réserve... »

Dois-je poursuivre? L'enseignement de Pierre Monnier remplit, souvenez-vous-en, sept volumes, auxquels viennent s'ajouter les émerveillements de Roland de Jouvenel (« Maman! Maman! Si tu pouvais me voir, tu serais ravie! Je suis dans des irradiations, des pastilles de toutes les couleurs m'encerclent, mille symphonies éclatent autour de moi. Je suis très, très heureux... »), les joies lyriques de « Paqui » (« A tous, mes baisers d'ange, mon sourire, mes roses odorantes; que le parfum vous ravisse, vous soutienne, et vous donne un avant-goût de ce Ciel où nous sommes et où vous viendrez. »), d'autres encore : « Je suis comme devant une gerbe de lumière or-rosé... » (A. Pauchard)...

Mais ce bonheur n'est pas uniquement extase. Ceux d'entre nous qui craignent l'immobilisme des divines contemplations trouveront de quoi s'occuper... Les désincarnés vont et viennent, en proie à une formidable activité : ils parlent tous de missions, de devoirs à accomplir, et même de luttes. Leur ciel ressemble parfois à une fourmilière aux dimensions de l'infini. Leurs tâches les plus hautes échappent à notre entendement, mais d'autres nous concernent tous ici-bas : elles consistent à consoler ceux qui pleurent, à réveiller les âmes engourdies, à rafraîchir ceux qui étouffent sur la terre, à accueillir surtout ceux qui parviennent dans l'Au-delà... Certains de ces travaux peuvent être pénibles, difficiles; mais ces efforts sont toujours accompagnés de cette étincelante joie de « vivre » qui ne quitte jamais les élus, ou rarement; ce sentiment d'être délicieusement emportés dans le courant puissant de la *Bonne Volonté* — volonté de collaborer à l'œuvre de Dieu, de freiner les forces mauvaises, de répandre partout où il se peut le Bien, le Bon et le Beau.

Vient enfin l'ultime élan vers l'océan de la spiritualité pure : « Nos maîtres nous apprennent que la spiritualité absolue, une fois obtenue, nous séparera définitivement de toute forme limitée. Nous ne sommes pas encore capables, nous-mêmes, de comprendre cette individualité persistante en dehors d'une objectivité visible... Mais ce sera la véritable ressemblance avec Dieu. Dieu! sans limites, indéfinissable, dont la coupable déflexion des âmes leur fit perdre la vision transcendante, que toutefois elles trouveront quand les temps seront accomplis... » (Pierre).

Alors, le seul moyen de communiquer restera, pour nous, la prière, et le silence.

Le moment est enfin venu de laisser la parole à Julien : il va nous retracer son aventure, et la façon dont il a rencontré la certitude de l'Autre monde à travers une très simple vérification d'identité.

Réservons-nous un droit de discussion en fin de volume. Si nous ne devons pas un instant mettre en doute sa sincérité, *il peut* quand même y avoir aux faits qu'il rapporte scrupuleusement une explication différente de celle qu'il donne. *Nous avons le devoir de tout envisager.*

Par précaution autant que par discrétion, Julien a pris soin de *modifier tous les noms propres*, ou d'en remplacer quelques-uns par des initiales, afin de ne pas risquer d'introduire des personnes vivantes (ou même défuntes) dans une affaire qui ne les concerne peut-être pas et à laquelle elles préféreraient ne pas se trouver mêlées. Toutefois, mon ami conserve précieusement tous les originaux dans ses dossiers, prêt à les présenter à titre de pièces à conviction, au cas où des enquêteurs sérieux, uniquement préoccupés de l'avancement des connaissances humaines, voudraient bien se pencher sur une histoire aussi peu commune et tâcher de lui trouver des prolongements scientifiques.

En ce qui concerne les « messages » télépathiquement perçus et transcrits, nous avons tenu à les reproduire tels quels, même si leur formulation laisse parfois beaucoup à désirer; le lecteur s'apercevra rapidement de ce que le ton, le style, la façon de s'exprimer de chacun des interlocuteurs invisibles ont été respectés. D'où certains dialogues dont on pourra trouver la familiarité un peu excessive... Comme le remarque Julien lui-même, il n'était pas tombé dès l'abord sur le « gratin » du Ciel. Nous nous sommes cependant permis, quelquefois, d'ajouter entre parenthèses un mot ou un membre de phrase manquants, et de rétablir une ponctuation déficiente ou absente.

Enfin, nous avons éliminé les passages qui constituaient des redites — ceux aussi qui revêtaient un caractère trop intime et ne concernaient que le principal intéressé, personnellement.

Je cède la place à Julien, quitte à reprendre ensuite la plume afin de tenter de parvenir à une conclusion.

II

LE RAPPORT DE JULIEN

Les âmes des justes sont dans la main de Dieu
et nul tourment ne les atteindra.
Aux yeux des insensés, ils ont paru mourir,
leur trépas est regardé comme un malheur,
et leur départ d'auprès de nous comme un anéantissement ;
mais ils sont dans la paix.
Si, au regard des hommes, ils ont subi un châtiment,
leur espérance était pleine d'immortalité.
Après une légère peine, ils seront comblés de bienfaits.

. . . .

Au temps de leur Jugement, ils brilleront à nouveau
et ils courront comme des étincelles à travers le chaume.
Ils gouverneront des nations et domineront sur des peuples,
et le Seigneur régnera sur eux à jamais.

. . . .

LIVRE DE LA SAGESSE (BIBLE),
chap. III

1

Mon cher Paul,

Voici, puisque tu me l'as demandée, mon histoire.

Je m'engage solennellement à rapporter les faits tels qu'ils se sont réellement produits, même s'ils ne se présentent pas toujours à mon avantage... Si j'avais voulu inventer quoi que ce soit, je m'y serais pris tout autrement.

Je m'intéresse depuis un certain temps, pendant mes heures perdues, aux problèmes de l'Au-delà. J'ai lu ou parcouru plusieurs livres traitant de la question (une partie des *Lettres de Pierre*, des extraits de Roland de Jouvenel, quelques autres, et le *Bardo-Thödol*). Cela, pour bien marquer le fait que, tout en me considérant comme un amateur dans ce genre d'étude, je n'étais pas tout à fait un débutant. Dire que tous ces ouvrages me convainquaient à cent pour cent serait exagéré : mettons plutôt à soixante-quinze pour cent... C'est-à-dire que, tout en ménageant une certaine marge au doute raisonnable, je penchais plutôt en faveur de la véracité des théories qui prônent une continuation de la vie après la mort.

Le problème de la « communication » avec les défunts m'intriguait. Une voyante-médium à laquelle j'avais un soir rendu visite m'avait bel et bien donné l'impression d'être en contact avec des membres de ma famille décédés depuis longtemps : ils s'exprimaient à travers elle et mentionnaient des faits précis que la voyante ne pouvait pas connaître.

En fait, je ne tenais pas réellement à communiquer avec *tel* ou *tel* défunt de ma connaissance; je n'étais pas, comme Marcelle de Jouvenel ou Mme Monnier, James Pike ou Belline, sous l'emprise d'un deuil familial récent. Ce qui m'intéressait, c'était *le phénomène pour lui-même* : s'agissait-il d'une illusion, d'un réflexe mal connu du subconscient, ou d'une réalité? Et, dans ce dernier cas, le processus était-il *reproductible à volonté*? L'eût-il été, une étude sérieuse pouvait lui être appliquée... Pourquoi ne pas tenter ma chance?

Comme le recours à un médium professionnel ne s'improvise pas à la dernière minute, il me parut plus pratique de recourir à la méthode de l' « écriture », qui avait si bien réussi à la mère de Pierre, à celle de Roland. Non point l'écriture « automatique » à proprement parler : celle-ci suppose un état de transe partielle et l'abandon total de la volonté sur la main qui écrit (or, une pareille abdication me paraissait hasardeuse; voire nocive en ses effets). Je préférai imiter Marcelle de Jouvenel, qui avait décrit (dans *Au Seuil du Royaume*) la façon dont elle captait les messages de Roland :

Ce n'est pas auditif, je ne peux pas dire que

j'entends. La perception des paroles tient plus d'une sorte de présence que d'une sonorité; c'est, à l'intérieur de soi, le déroulement d'un thème entièrement préparé qui n'a plus qu'à être transcrit. A ce moment précis, l'intelligence est morte, l'entendement aussi, il ne reste plus qu'un grand vide, ou plus exactement un écran sur lequel des mots viennent s'inscrire; lorsque l'on commence une phrase, on ne sait jamais comment elle va se terminer, ni le chemin qu'elle va prendre, elle se dirige toute seule. La réflexion, le vouloir n'interviennent pas. Tout se passe comme si le corps n'existait que pour transcrire ce qu'il reçoit.

(En relisant pour la première fois, après une année d'expérience, ce texte de la mère de Roland, je suis frappé de l'exactitude de cette description, — à quelques différences près, cependant. En ce qui me concerne, la phrase : « L'intelligence est morte, l'entendement aussi » n'est pas valable, car je n'ai jamais eu l'impression de renoncer au contrôle de *ma* conscience au cours de mes séances de communications télépathiques; je me suis efforcé au contraire de rester toujours le maître de mes facultés et de ne jamais perdre mon sens critique (ce qui a souvent dû constituer une entrave au processus). Par contre, tout le reste dépeint très exactement ce que j'ai ressenti : l'impression d'un « vide » volontairement entretenu, d'un *écran* mental sur lequel des mots s'impriment un à un sans qu'il soit possible de deviner le sens de la phrase en formation; à d'autres moments, des *idées* déjà complètes au moment où elles surgissent et qui n'ont plus qu'à être rapidement formulées. Et, dans le même temps, pour moi, un *étonnement* sans fin de constater que quelque chose d'extraordinaire se passe, et qu'un dialogue véritable paraît s'établir entre mon *moi* et d'autres *moi*(s) entièrement autonomes dont la *vivante* présence s'impose comme *séparée.*)

Mes premières tentatives furent si mal récompensées que plusieurs semaines s'écoulèrent entre chacune d'elles; je « recevais » bien quelque chose, mais le résultat demeurait plus ou moins incohérent, indigne d'intérêt. (Normalement, d'ailleurs, c'est ce qui aurait dû continuer à se produire au long des essais suivants, et c'est là justement que réside le prodige : il n'y aurait jamais dû y avoir de *cohérence.*)

Ce fut seulement vers la fin d'avril 1972 que la « dictée » prit un tour plus ferme. Je compris plus tard que celui qui me parlait ce soir-là était « Alain » — celui-là même qui devait par la suite me fournir *la preuve de son existence,* et par conséquent la preuve que je n'étais pas le jouet d'une vaine illusion.

Le lecteur doit être dès maintenant prévenu : il ne doit pas s'attendre à trouver dans les messages qui suivent, tout au moins dans le début de cette expérience étalée sur un an, des discours rédigés dans un style noble ou empreints d'une délicate poésie, à la manière de Roland, de Pierre ou de Paqui; car tel ne fut pas le cas. Le Ciel n'est pas un « club » où l'on ne rencontre que des gens « bien », ni un amphithéâtre où ne trônent que de brillants causeurs. Mais si « Alain » ne s'exprime pas comme on le fait dans la « bonne société », (ou du moins dans ce qu'il est convenu d'appeler ainsi en *ce* monde), ses propos n'ont pas tardé à me révéler ses profondes qualités de cœur — et n'est-ce pas à ces qualités-là que se jugent les âmes?

On s'accoutumera vite, je le souhaite, au sans-gêne frondeur de mon visiteur invisible; d'autant plus que sa gaieté communicative semble démontrer que l'Au-delà n'est pas imperméable à l'humour. Pour nous qui nous faisons trop souvent de la mort une image sinistre, cette perspective devrait être de nature à nous réconforter.

En ce 27 avril, donc, je me vis écrire — un peu laborieusement encore — les mots suivants :

« Avec des permissions particulières, je te parle aujourd'hui. Il y a plusieurs jours que j'essaye, mais en vain. Enfin, ça y est. Pense à faire des dictées de temps en temps avec tes amis qui sont ici. »

Mes amis? Je n'en étais pas si sûr. J'avais les meilleures raisons de me méfier. En dehors du fait que ces phrases pouvaient être nées de mon imagination, je savais ce que les métapsychistes entendent par des « larves » : ce sont, dit-on, des entités rudimentaires, sortes de singes immatériels, qui se nourrissent des « fluides » que les expérimentateurs peu avertis leur abandonnent naïvement, altérant ainsi leur propre santé. Les « larves » ont intérêt à contacter les vivants et guettent les moindres occasions de se livrer à cette sorte de vampirisme psychique...

Mais la voix intérieure reprit :

« Tu es soupçonneux; c'est injuste et peu charitable. Tu devrais prier un peu plus. » (Allons! pensai-je, nous voilà partis dans un piétisme de quatre sous.) « Tu devrais faire en sorte que la ligne ne soit jamais coupée. C'est difficile, mais ça paye (sic). Parfois tu as l'air de ne pas savoir ce que tu sais. Dis-toi que c'est vrai et tout ira mieux. »

Je demeurai perplexe. Il y avait de quoi. Il me semblait assez évident que ce n'était pas *moi* qui avais pensé ces phrases. D'un autre côté, je ne m'attendais pas à entendre des âmes défuntes utiliser des expressions comme « ça paye »... Mais ce n'était pas mon style non plus.

Néanmoins, une phrase retint mon attention : *Parfois, tu as l'air de ne pas savoir ce que tu sais.* Le reproche était juste : instruit par mes lectures, par les Lettres de Pierre notamment, j'aurais dû *croire* plus facilement. Or je doutais. Je doutais manifestement, et cela devait « se voir » dans l'Au-delà... Il n'était pas impossible, d'ailleurs, que mon scepticisme ne jouât à l'encontre de mon expérience et ne fût en partie responsable de la médiocrité du message. Je me souvins de ce que Roland disait à Mme de Jouvenel à propos du doute : il agit comme un épouvantail à esprits.

Quoi qu'il en fût, j'attendis encore un peu plus d'un mois avant de me livrer à une nouvelle tentative. C'était le 6 juin 72. Comme précédemment, des mots se présentèrent sur l'écran vide de ma conscience. J'interrogeai (par écrit) :

Moi : Qui êtes-vous?

Réponse : Nous sommes des gardiens. Nous sommes des gens qui s'emploient à parfaire l'harmonie et les liens qui unissent les gens entre eux.

Moi : Dépendez-vous de quelqu'un? Et de qui?

Réponse : Nous dépendons tous les uns des autres; et, à la tête, il y a tu sais Qui.

(Ce ne fut pas par hasard que j'écrivis ce « Qui » avec une majuscule : je m'y étais senti poussé.)

J'insistai pour que l'on me précisât le nom de celui qui parlait. Je crus percevoir (plutôt qu'entendre) quelque chose qui ressemblait à *Alain Mautessier*. Mais la transmission d'un nom propre par télépathie posait certainement des problèmes. Je n'étais pas sûr que le nom fût celui-là.

MOI : Comment me connais-tu?

ALAIN : Par hasard. Au long de droits chemins, on se rencontre souvent sur la route.

MOI : Puis-je faire quelque chose pour toi?

(Je pensais qu'on me demanderait à nouveau de « prier »; mais la réponse fut toute différente; elle affectait un air bizarrement détaché.)

ALAIN : Peut-être, on verra, ça peut s'arranger. Mais tu ne sais pas encore assez bien te servir du système (sic). Alors attends (encore un peu); si tu as vraiment besoin de nous on fera ce qu'il faut.

Je passe rapidement sur la suite de la communication qui ne vaut pas la peine d'être transcrite en sa totalité. Alain me conseillait de faire confiance à la vie, j'avais selon lui tous les motifs d'être gai et optimiste. Enfin, il me recommanda à nouveau de prier davantage et mieux; « c'est important », ajouta-t-il. Il me quitta finalement en me recommandant de répéter ces exercices autant de fois que je le pourrais, comme un pianiste fait des gammes avant d'exécuter un concerto. « Sinon, tu te rouillerais. »

Cette fois, j'étais accroché. En dépit de mes réticences (bien compréhensibles), je ne pouvais m'empêcher de trouver à ces dialogues un petit air de réalité. Il y avait dans les répliques d'Alain quelque chose de *vivant*, dont je ne me sentais pas responsable. Il *existait*.

Je me remis à la tâche dès le lendemain soir, décidé à exiger un « signe » quelconque de ce que ces paroles ne sortaient pas uniquement de mon subconscient. Je n'eus pas le temps de formuler ma demande par écrit que déjà la réponse fusait :

Alain : Pour ce que tu demandes (un signe), c'est impossible. Mais ça ne devrait pas t'empêcher de croire, puisque *tu sais.* Bien sûr, tu prends une part (inconsciente) à ces écritures, mais tu n'es pas seul, crois-moi.

Je m'efforçai donc de « croire », ou de faire comme si... J'interrogeai Alain sur la marche de mes affaires, comme on consulte une cartomancienne. Il me remit fraîchement à ma place :

Alain : Laisse à César ce qui relève de César : les choses de la Terre aux Terrestres. Avec des prières on peut tout. Mais il faut vraiment prier, pas juste des lèvres.

(Décidément, mon visiteur insistait sur le sujet. Il faut dire que, en dehors de quelques « Notre Père » et « Je vous salue, Marie », récités distraitement, la prière n'était pas mon fort à l'époque. Avant de terminer, je voulus m'assurer que mon interlocuteur était toujours le même :)

Moi : Est-ce toujours Alain qui parle?

Réponse : Oui et non. Nous sommes plusieurs.

Ce fut vers cette époque que je décidai de te mettre au courant, sachant que tu étais capable de me comprendre, et même de me donner un avis. Cela valait bien un coup de fil.

Comme bien tu penses, j'étais à cent lieues de me douter que ce petit « jeu » allait, peu à peu, revêtir une toute autre importance; j'en étais aux balbutiements. Je pris donc un ton dégagé pour te raconter que je dialoguais avec des défunts; j'ajoutai qu'il ne fallait pas prendre ces tentatives au sérieux, que je ne croyais pas réellement à la présence de cet Alain de fantaisie, etc.

Le soir même je reçus de la part de mes « gardiens » une verte semonce.

Alain : Tu ne dis pas ce que tu penses; tu laisses croire que rien de ce qui se passe n'est « extraordinaire », et pourtant tu sais bien que ça l'est. Tout ce que tu peux dire n'y changera rien.

Je l'exhortai au calme; mais il rétorqua :

Alain : C'est vite dit! Mais avec toi on perd patience.

Moi : N'ai-je pas le droit de me montrer circonspect en face d'un phénomène aussi insolite?

Alain : D'accord, mais tu n'y mets pas assez de bonne volonté. Après tout l'essentiel est que le message passe. *S'il te fait du mal, tu seras toujours à temps d'arrêter. Or, nous voulons te faire du bien.*

(Faut-il ici, une fois de plus, jurer que je n'invente rien? Mes papiers sont là, sous mes yeux : tout a été écrit d'un seul jet, sans la moindre rature.)

J'appréciai vivement la remarque d'Alain : si ces pratiques devaient s'avérer nuisibles, j'avais toujours la ressource de les interrompre. J'étais libre. Personne ne m'y obligeait.

En fait, je constatais que ces séances n'entraînaient aucun effet désagréable : je n'en ressentais nulle fatigue. J'en éprouvais même un réconfort certain, aussi bien moral que physique.

Je crus devoir présenter des excuses à mes amis invisibles que je regrettais d'avoir offensés par mon scepticisme. Ils me répondirent affablement en m'offrant les leurs, pour s'être un instant laissé emporter. Bref, le dialogue était en train de prendre un tour mondain, et je ne pus m'empêcher de trouver la situation assez comique.

MOI : On se croirait dans un salon...

ALAIN : Tu es bête (sic). Ici, on est sincère; pas dans les salons. J'étais autrefois garçon d'ascenseur dans un hôtel. J'ai entendu des choses ignobles dites devant moi.

Je sursautai. Alain venait de me livrer un premier indice grâce auquel il devint possible, un peu plus tard, de retrouver sa trace : il avait été jadis garçon d'ascenseur dans un hôtel. Je poursuivis l'interrogatoire :

MOI : A quel âge es-tu mort?

ALAIN : Vingt ans. Dans un accident.

MOI : Pauvre vieux!

ALAIN : Mais non. J'y ai gagné. Tu vois bien, j'ai des rôles importants à jouer ici, pas sur terre. J'aime. Raconte aux autres que je suis justifié.

MOI : Quels autres?

ALAIN : Ça ne fait rien, laisse tomber. Je voulais parler de ceux qui m'ont connu et qui seraient bien étonnés.

(Alain voulait sans doute dire : ils seraient bien étonnés s'ils me voyaient ici.)

MOI : Que faites-vous, tous, là où vous êtes?

EUX : Nous aidons, nous prions. C'est agréable même quand c'est pénible. Dieu est bon.

Moi (toujours dans l'espoir d'être convaincu) : Cherchez quelque chose de spectaculaire à me dire.

Eux : Tu ne serais pas capable de l'entériner (sic).

Moi : Parlez-moi de votre état.

Eux : C'est un sujet vaste. Tu ne te rends pas compte de tout ce qui sépare notre « image » de la tienne. Difficultés insurmontables.

Il y a des milliers d'hôtels en France; combien de chances avais-je de retrouver celui dans lequel Alain avait été liftier?...

... Petit à petit, au cours des séances suivantes, je fis la connaissance des coéquipiers d'Alain, ceux qui se disaient « gardiens » sans prétendre pour autant au titre d'anges :

Il y avait un certain Maurice, qui disait avoir été « ajusteur » (j'avais d'abord compris : assureur, mais Maurice avait aussitôt *rectifié*). Il était mort d'un cancer; il était relativement nouveau dans l'Audelà, il n'était pas encore habitué :

Maurice : Ça fait drôle, de ne pas être vu... Allonge un peu le bras, tu pourrais me toucher...

Sa fonction actuelle? Comme ses camarades, il veillait sur les vivants, sur moi, sur d'autres. Il allait souvent revoir sa femme et ses enfants. Il était heureux.

Je connus ensuite un personnage féminin, Solange D... Celle-ci s'exprimait en un joli langage qui contrastait vivement avec la rudesse des précédents :

SOLANGE : Je suis une ex-vieille femme, jeune maintenant. Bourgeoise et occupée de mes enfants au nombre de quatre. J'ai beaucoup aimé la vie et je désirais qu'elle ne s'arrêtât jamais afin de continuer à veiller sur les miens; mais après coup j'ai compris la vanité de ces vœux et j'ai acquis la lumière avec un peu de retard. Maintenant je découvre ce que je n'avais pas connu, les élans de la jeunesse et l'amour de Dieu. As-tu compris ce que je viens de dire? L'amour de Dieu. Chose insoupçonnable sur terre à l'heure actuelle. Va en paix, et aime le plus possible!

Et dans le cours d'une autre séance :

SOLANGE : Il faudrait que vous fassiez effort pour ne pas trahir l'idéal vers lequel nos forces vous entraînent. Voyez-vous, le Soleil ne trompe pas. Allez vers Lui!

Franchement, il y avait là de quoi être éberlué. Se pouvait-il qu'un même subconscient (le mien) pût tour à tour « créer » la gouaille d'un chasseur d'hôtel et le lyrisme un peu précieux de cette Solange? Il fallait bien que ces personnages fussent réels!

Il y avait aussi un certain Armand B..., dont le nom de famille trahissait l'origine russe bien qu'il fût français; il avait été élevé dans la religion orthodoxe de ses parents, mais ne l'avait pratiquée qu'avec tiédeur (où donc mon subconscient eût-il été chercher tout cela?). C'était un personnage encore tout différent, bourru, ours, qui n'intervenait que pour me dire en face quelque vérité désagréable. Il paraissait sujet à des crises : un jour, il m'injuria. Ses compagnons intervinrent aussitôt pour me prier d'oublier cela : Armand était quelqu'un de tourmenté, mal affermi encore; son chemin connaissait des hauts et des bas. (Mais, précisa Alain, quand il va bien, il est très bien.) Il se plaisait à annoncer une prochaine « fin des temps » assortie de cataclysmes épouvantables, et ses compagnons ne le contredisaient pas. Là encore, il me semblait incroyable que de tels propos fussent le reflet de mon imagination : je déteste les prophéties apocalyptiques et leur trouve un caractère morbide qui me déplaît souverainement.

Enfin je citerai le cas — très important — d'Antoine A... Mort depuis une trentaine d'années, il avait été « facteur » — non, non ! pas postier ! — *facteur* d'instruments de musique. (Il est exact qu'on appelle luthier un fabricant d'instruments à cordes, et « facteur » un fabricant d'orgues et d'instruments à vent.) Il avait joui jadis d'une belle situation et évoquait, non sans une pointe de nostalgie, un « château » qu'il aurait possédé et où il s'était plu.

Antoine : Maintenant ce ne sont plus que de vieux souvenirs attendrissants mais sans aucun rapport avec le travail que nous faisons ici, à la fois rude et réconfortant. Nous nous efforçons d'influencer les gens en bien, c'est-à-dire dans le sens de l'unité et de l'harmonie.

Moi : L'harmonie, c'est effectivement l'affaire d'un facteur d'instruments de musique...

Antoine : Tu crois plaisanter, mais c'est vrai ! Les hommes sont comme des instruments, plus ou moins bien accordés entre eux; cela peut donner des cacophonies, mais aussi des symphonies admirables dans les meilleurs cas. Notre travail est justement d'organiser les symphonies humaines et nous en sommes récompensés par la « sonorité » ainsi produite. Je ne dis pas cela sur un plan poétique : il y a une part de réalité dans ce que je dis, avec une certaine marge de transposition bien entendu.

Moi : Cela te rend heureux?

Antoine : Je suis très bien, sans emphase ni exagération. Mais je sais que, devant moi, c'est doré; seul le temps le fera. C'est déjà merveilleux d'être en paix avec soi-même et avec les autres et d'accomplir une tâche utile et agréable en attendant l'encore mieux.

Au cours d'une conversation ultérieure, je demandai à Antoine A... s'il avait de la descendance à Paris; mon idée était de procéder à une vérification, l'annuaire pouvant comporter le nom d'A... (qui ne paraissait pas devoir être très répandu).

Antoine me répondit que oui, qu'il avait un fils à Paris, dans le XVIe arrondissement; et il ajouta avec ironie : « Tu voudrais aussi que je te communique son numéro de téléphone? »

Je n'eus pas l'aplomb d'insister. Mais Antoine compléta de lui-même ces renseignements en me livrant le nom de la rue où demeurait son fils.

La séance terminée, je n'eus rien de plus pressé que d'aller fouiller l'annuaire. Au numéro 20 de la rue en question — c'était une rue très courte du XVIe — je trouvai un nom qui, effectivement, présentait une consonance presque identique à celle que j'avais notée; seule l'orthographe ne correspondait pas à celle que j'avais phonétiquement présumée.

Il y avait là une belle occasion de vérifier l'exactitude des dires de mes amis défunts; une enquête adroitement menée aurait pu me renseigner et me révéler si le père d'un certain A..., demeurant actuellement au 20 de la rue M... (ce ne sont pas les initiales exactes) avait bien été facteur d'instruments à vent. Mais je n'en eus jamais le courage. Quel prétexte aurais-je pu invoquer? Irais-je expliquer à cet inconnu que j'entretenais des relations avec le fantôme de son père? J'aurais passé pour un fou.

Je me suis contenté d'aller jusqu'au n° 20 de cette petite rue, et d'y contempler de l'extérieur un hôtel particulier dont la façade rappelait le style de l'exposition des Arts Décoratifs de 1925, époque à laquelle Antoine réussissait dans son industrie.

Je sortais maintenant de chaque séance convaincu d'avoir été au contact de créatures désincarnées qui pouvaient fort bien être, comme elles l'affirmaient, des âmes de défunts. Mais le lendemain, je m'éveillais doutant à nouveau. Tout cela était vraiment trop incroyable.

Je ne m'étais connu jusqu'alors aucun don de médiumnité — en dehors du fait qu'une voyante m'avait dit un jour, les yeux mi-clos : « Vous, monsieur, vous feriez un excellent médium. Vous ne le savez pas encore, mais vous le découvrirez plus tard. » Etais-je en train de le découvrir? Je ne savais que penser.

Dans mon désarroi, cher Paul, je suis allé te rendre visite. J'apportais sous mon bras une serviette contenant mes « écritures », afin de te permettre de les examiner. Tu en parcourus plusieurs, non sans difficulté.

— Je suis obligé d'écrire très vite, expliquai-je, et j'ai quelquefois de la peine à former mes lettres. Les mots et les phrases se présentent d'eux-mêmes, je n'ai pas à chercher. Surtout pas! Si j'hésite, ce sont mes propres idées qui reprennent le dessus; il me faut réfléchir le moins possible, ou plutôt ne pas réfléchir du tout; ne jamais tenter de deviner à l'avance le sens de la phrase que j'écris. Normalement, je devrais tomber en plein surréalisme et aligner des mots sans suite; ce n'est pas le cas, comme tu vois.

Tu m'as alors demandé si je percevais des « voix ». Je t'ai répondu que non. Ce sont des mots, ou des idées, qui s'imposent à moi avec plus ou moins de force, selon les jours. Parfois, ces mots s'inscrivent en caractères d'imprimerie comme sur un écran publicitaire. Exceptionnellement, ils s'accompagnent d'une sorte de phonétique intérieure, notamment pour les noms propres; mais ce n'est pas *un son* à proprement parler. Comment t'expliquer? C'est indescriptible...

Je te demandai ce que tu en pensais; tu m'as répondu que le phénomène était semblable à celui dont Mme Monnier et Mme de Jouvenel avaient fait état. Si l'on croyait à l'authenticité de leurs expériences, il n'y avait aucune raison de douter de la mienne. Ou tout était faux, ou tout était vrai. Et tu as ajouté :

« L'essentiel pour toi est de conserver solidement les pieds au sol. Au fond, tu sais très bien que c'est un jeu dangereux. De deux choses l'une : ou bien toute l'affaire se ramène à une imagination délirante, et cela tendrait à prouver que ton inconscient est un peu trop peuplé de phantasmes, ce qui ne témoigne pas d'un parfait équilibre; tu ferais bien alors de consulter un psychiatre. Ou bien tu es réellement en relation avec l'Au-delà, et du coup le danger est encore plus grand : *tu ne sais pas à qui tu as affaire.* Tu n'ignores pas que l'Autre monde est peuplé de toutes sortes de gens dont certains ne sont pas du tout recommandables; tu risques de te laisser contaminer... Les directives que tu reçois ne sont pas forcément bonnes à suivre. Il y a des imprudents qui, pour s'être laissé guider par des forces incontrôlées, ont complètement perdu le sens commun. Je connais même un cas mortel...

— Jusqu'ici, objectai-je, mes « invisibles » se sont bornés à me conseiller de prier... Ça n'a jamais fait de mal à personne.

— Tu ne te sens pas fatigué, après? Pas de migraines?

— Absolument pas. Je ne fournis aucun effort. Parfois, je m'arrête délibérément pour allumer une cigarette; j'écris tout en fumant, parfaitement détendu.

— Méfie-toi quand même!

— Mais je me méfie! Mes « gardiens » me le reprochent assez! Ils m'accusent de manquer de foi. Et d'ailleurs, ils conviennent eux-mêmes qu'il faut rester sur ses gardes; l'un d'eux m'a dit un soir : « Fais attention de ne pas te laisser aller à des conversations avec n'importe qui : il y en a de méchants. »

— Et s'ils t'ordonnaient : fais ceci, fais cela, le ferais-tu?

— Jusqu'à présent, il n'a été question de rien de semblable. Au contraire. Quand je leur demande une directive concernant l'organisation de ma vie courante, ils me répondent que ce n'est pas leur rayon. « C'est à toi de décider. Nous ne sommes pas tes maîtres. » « Nous ne cherchons qu'à t'aider, c'est tout. » Voilà le genre de phrases que je reçois. Ils respectent ma liberté. Leurs exhortations portent essentiellement sur ma vie spirituelle : ils veulent m'apprendre à prier, ils y attachent beaucoup d'importance.

Tu demeurais pensif. Avant de me laisser partir, tu m'as suggéré de poser à mes défunts quelques questions *précises* sur leur vie terrestre. Grâce aux renseignements ainsi obtenus, nous pourrions peut-être — qui sait? — procéder à des vérifications... Si celles-ci s'avéraient positives, *nous serions fixés...*

Le 27 juin, j'entretins avec l'Invisible un dialogue extrêmement long, qui couvrit plus de six grandes pages d'une écriture serrée.

Je devais être tombé sur un groupe de ces esprits que certains appellent « christiques », parce qu'ils manifestent des convictions très chrétiennes (comme Pierre Monnier, par exemple), ce qui n'est pas le cas de tous les « esprits ». Ils avaient vécu à des dates différentes, avaient mené des existences différentes, manifestaient des tempéraments différents; mais tous se rejoignaient dans leur fidélité à la personne de Jésus-Christ et insistaient sur la nécessité de la prière, seul moyen d'élever notre pensée vers les zones supérieures où règne l'Amour. Ils évoquaient parfois la grande Lumière du Christ resplendissant au-dessus d'eux, encore lointaine. Car ils ne paraissaient pas, à l'époque, avoir accompli le pas qui les eût complètement délivrés de ce que les conventions théologiques nomment le « purgatoire ». Mais l'Espérance ne les quittait jamais.

L'un d'eux (ce devait être Alain) m'avait donné à entendre que, si je me donnais la peine de me recueillir « sérieusement » avant de me mettre à écrire, j'aurais des chances d'atteindre des âmes plus évoluées. Je m'y appliquai de mon mieux en ce 27 juin 1972, avant de me mettre à l'écoute. Il y eut d'abord une allusion peu aimable à la conversation que nous avions eue, toi et moi, à la fin de laquelle tu avais parlé de tenter des vérifications.

Voix : Ne t'emploie pas à des niaiseries avec des gens qui veulent prouver l'improuvable et ne perds pas courage, tu arriveras à mieux.

Moi : Qui me parle?

Voix : Des gens qui t'aiment.

Moi : Les mêmes que d'habitude?

Voix : Oui et non. Il y a du renfort... qui veulent te convaincre de continuer à chercher plus haut par la prière.

Moi : Mais j'ai prié!

Voix : Pas assez. Ecris. Nous sommes des « gardiens » mieux placés que les précédents, mais tu peux avoir confiance en eux aussi, ils sont bons et efficaces avec toi. Quant à nous, c'est plus difficile de communiquer parce que (nous nous sommes) abaissés pour toi. Avec tant de peine, peut-être arriverons-nous à te faire croire tout à fait, nous savons que c'est difficile et que la vraisemblance est hésitante. Ouvre bien les oreilles de l'esprit. *Nous pensons que tu as tort de faire des vérifications qui ne mènent à rien de probant.* C'est déjà beau qu'on veuille bien te parler et que tu aies reçu le don d'entendre par l'intérieur. Ne sois pas trop exigeant. Contente-toi de ce qui te fait du bien à l'exclusion de tout scepticisme qui ne vaut pas la peine qu'on s'y arrête.

Moi : Avez-vous quelque chose d'utile à m'apprendre ?

Voix : Oui. Nous sommes des âmes amies qui veillons sur ceux qui le méritent par la foi et les bonnes intentions. Hiérarchiquement, nous sommes situés à un degré inférieur par rapport à ceux qui sont les Saints, mais cependant déjà haut en comparaison de beaucoup. Nous voyons la Lumière. Les choses que nous avons à te dire ne se formulent pas aisément pour nous. Tu vas dire que nous rabâchons sur des points de morale, parce que tu sais d'avance nos préoccupations; alors à quoi bon te rappeler ce que tu sais? Et pour le reste, c'est de la curiosité inutile.

Moi : N'ai-je pas le droit d'être curieux? Je cherche à connaître ce qui *est*.

Voix : C'est un peu prématuré. Tu ne peux pas tout saisir; des bribes, c'est insuffisant.

Moi : Je vois bien que vous ne tenez pas à m'en dire plus.

Voix : Non. Nous n'y voyons aucun intérêt, ni pour toi ni pour personne. *Nous te déléguons les petits que tu connais et qui s'occupent très bien de toi à leur manière.* Ils ont des idées claires de ta situation et tu n'as qu'à suivre leurs conseils.

(Ici, je fus interrompu par la sonnerie du téléphone. J'allai répondre. La communication terminée, je revins à ma table de travail.)

Moi : Pardon pour cette interruption involontaire!

Voix : Nous attendions avec patience, ayant de quoi nous occuper (!). Fais ce que te disent tes amis des autres soirs; après, ce sera peut-être plus fructueux de viser plus haut. Pour l'instant, tu ne suivrais pas.

MOI : Je suis bien honteux de cette incapacité!

VOIX : Tu as raison de l'être, et il t'en sera tenu compte. A bientôt.

(Il y eut un moment de silence. J'allumai une cigarette, puis je me remis à la tâche avec une idée préconçue.)

MOI : Puis-je parler?

VOIX : Oui.

MOI : J'aimerais en savoir plus long au sujet d'Alain. Alain, peux-tu ou veux-tu me parler un peu de toi?

ALAIN : D'accord. Je suis un enfant de l'Assistance né en 1949 à Paris, et j'ai eu du mal dans ma vie courte. Mon nom? Tu le connais déjà, c'est difficile à préciser mieux. Tu pourrais vérifier, mais il y a des détails que j'oublie intentionnellement pour être plus léger et monter. J'ai eu des malheurs dès enfant et je n'étais pas verni, mais oublie ça, aucune importance. Ici, je suis heureux et c'est très bien. Mes amis m'aiment et m'aident comme j'aide d'autres, c'est épatant et on se sent bien. Le monde est en mauvaise posture et si tu savais ce que c'est mieux ici! On aime tout le temps, on rit, on voit des choses merveilleuses. C'est le paradis tel qu'on l'imagine quand on rêve de ce qu'on désire, mais en mieux. Moi, *j'aimais l'idée de monter à cheval; alors ici je monte en rêve et ça va bien.* Rien de plus à te dire, j'ai vraiment commencé à vivre ici. Sur terre c'était pas propre, ni pour moi ni pour les autres.

MOI : Est-ce que quand tu rêves tu sais que tu rêves?

ALAIN : Bien sûr, quelle idée! Puisque je rêve exprès et que je choisis! Ça me donne des forces pour faire du bien aux autres parce que j'ai du bonheur en masse et en trop.

Moi : As-tu de la famille (actuellement vivante) ?

Alain : Très peu, des gens qui m'ont connu, c'est tout.

Moi (brusquement pris d'un doute) : Est-ce que je n'ai pas inventé tout ça de mon cru ?

Alain : C'est extraordinaire ce que tu peux être dur à convaincre ! (sic). Tu n'as rien imaginé, je te dis tout, mais c'est peut-être si banal que tu as l'impression d'inventer. Tant pis.

Moi : Quand es-tu mort ?

Alain : 1969, je crois, ou à peu près. En été, sur une route.

(A cet instant, l'idée d'un accident de la route fit surgir en moi l'image — fausse — d'une 2 CV remplie de jeunes gens, percutant un obstacle. Mais Alain rectifia aussitôt :)

Alain : En *moto,* pas en *auto.* La moto, c'était mon cheval. Mais j'aurais préféré des chevaux en vrai. Maintenant, je les ai !

Je n'obtins pas ce soir-là d'autres renseignements sur Alain ; mais deux points de ce dialogue me parurent importants.

Il y avait d'abord cette rectification inopinée : *pas en auto, en moto.* Si mon imagination avait seule été en jeu, aucune logique ne pouvait me conduire à gommer l'image de la 2 CV, née spontanément en mon cerveau, et parfaitement vraisemblable en soi. J'aurais normalement dû m'en tenir là, et les répliques suivantes, si elles avaient été le reflet de mon subconscient, auraient dû commenter cette image. La rectification « *en moto,* pas *en auto* » (il me sembla même qu'Alain insistait sur la consonne d'appui, *m* au lieu de *n,* qui modifiait à elle seule toute la scène) ne s'expliquait que difficilement du point de vue de la psychologie des profondeurs. Seule une intelligence autonome, indépendante de la mienne, pouvait — à ce qu'il me sembla — avoir apporté cette mise au point que rien n'annonçait.

Ce fut là un détail marquant à mes yeux, qui fit à nouveau pencher la balance en faveur de l'hypothèse d'un véritable dialogue avec l'invisible.

D'autre part, Alain parlait de ses rêves, qu'il choisissait, et qui lui donnaient une sensation de vérité objective : « je monte à cheval en rêve et ça va bien », — « des chevaux *en vrai,* maintenant je les ai ». Cette attestation recoupait exactement les enseignements des « Lettres de Pierre ». En effet, Pierre Monnier, de l'Au-delà où il se trouvait, décrivait ainsi à sa mère la puissance créatrice de l'imagination des défunts : « Représente-toi que tout ce qui vit dans ton souvenir, au lieu de demeurer vague et indistinct, prend une forme *stable;* aussitôt tu seras entourée de la réalisation de tes rêves les plus beaux : ce qui avait vibré en toi t'environne réellement. (...) Vous songez à un palais, il s'édifie; à un temple, vous pouvez y prier; à un océan, il est possible d'y naviguer... » De même, le jeune Alain, pendant les répits que lui laissait sa mission, s'amusait — je suppose — à créer, en rêves volontaires, les promenades équestres tant de fois désirées.

Un incrédule pourra tout aussi bien me dire que

justement — la lecture préalable d'ouvrages sur les états d'après la mort a déterminé chez moi des réminiscences. Mais aucune réminiscence n'apparaît dans le cas de la *moto* remplaçant l'*auto,* ni ces allusions à l'amour des chevaux dont la moto n'était qu'un substitut. Un disciple de Freud me dirait qu'il y a là amalgame de symboles sexuels; laissons-le dire. Ce que je sais, c'est que je n'ai jamais de ma vie été tenté d'utiliser une motocyclette, et que mon unique expérience d'une promenade à cheval s'est soldée par une chute mémorable qui me dégoûta pour mon existence entière de la plus noble conquête de l'homme.

Cette séance se prolongea fort tard dans la nuit. Mes amis me disaient qu'ils connaissaient mes besoins et mes soucis du moment; « La volonté de Dieu, ajoutaient-ils, n'est pas toujours facile à comprendre. Même jamais. »

Je voulus en avoir le cœur net sur leurs idées théologiques et leur demandai platement quels étaient leurs rapports avec le Christ. Réponse d'Alain :

— Il est au-dessus de nous, et nous le prions. Il est merveilleux à voir, même de loin. On espère s'en rapprocher un jour, il faut de la patience et beaucoup travailler dans son sens pour pouvoir être à ses côtés. Mais il a des regards qui vous pénètrent (sic), c'est fantastique et impossible à décrire. Nous le servons avec joie et espérons monter vers lui. Il est blanc brillant, mais *c'est une image.* Nous le sentons fortement en nous plus que nous ne le voyons. Nos corps s'imprègnent de lui et ce sont les meilleurs moments. Pas tout le temps, ce serait trop beau. *Marie aussi*, c'est du même ordre. Des personnes qu'on aime et on sent qu'elles sont proches, même loin. Tu as le cerveau fait pour comprendre ces choses, profites-en. Ne perds pas une occasion de faire le nécessaire pour monter là où nous sommes, et même plus haut si tu peux. Plus haut, on communique moins bien avec les vivants qui sont sur terre parce que les idées deviennent difficilement communicables. (Avec une soudaine emphase :) *Tout cela est VRAI*. Tu le sais déjà par (les livres des) autres messagers (allusion à Pierre, à Roland, etc.), alors tu crois que tu l'inventes (d'après tes souvenirs de lecture); mais c'est strictement vrai, je te le dis et je te le répète (sic).

Je m'enquis du sort des âmes souffrantes.

— Et ceux qui souffrent?

— Ah oui. Que faire? Ils n'ont pas voulu croire et c'est tellement dommage. Ils sont comme enfermés. Certains les aident à en sortir, au milieu de leur fumée. C'est parfois atroce, mais il ne faut pas perdre cœur. Quand on a réussi à en tirer un, c'est formidable! On fait des fêtes, on est joyeux et si contents d'y être arrivé! Crois-moi, il faut tout faire pour les faire sortir de leur carapace qui les ronge. Déjà sur terre, et alors ici...

Je demandai à Alain de quelle façon il avait été « sauvé ». Il me répondit :

— J'ai prié.

— Tu croyais à Dieu, à Jésus?

— Oui, on m'avait appris ça petit garçon et j'ai toujours cru, mais ça ne m'empêchait pas de vivre comme si tout ça n'existait pas. Mais à la fin, j'ai prié, oh là là, « de toute mon âme », comme on dit, et j'ai été reçu ici par des gens qui m'ont conduit. Ils savaient que je n'étais pas méchant; je ne sais pas comment ils savaient, mais j'ai été vite dépanné, et beaucoup mieux qu'avant. Ah! tu sais, ici les gens sont droits, justes et bons et ouverts, on peut leur dire n'importe quoi, ils comprennent. Ce n'est pas comme sur terre où les gens sont renfermés et égoïstes. Avec tout ce qu'on voit, il y a de quoi s'émerveiller et désirer rester ici le plus longtemps possible.

Changeant de sujet, je déclarai à mes amis que je ne m'estimais pas digne de la faveur qui m'était faite, celle de pouvoir ainsi dialoguer avec le « ciel ». Mais, ajoutai-je aussitôt, je crois savoir que, là-haut, on ne se préoccupe pas tant de la « dignité » des uns ou des autres : il y a la Grâce...

A quoi Alain me répondit :

— Tu viens d'écrire ça sous notre dictée en croyant parler de ton cru...

C'était le comble! Moi qui ne craignais rien tant que d'influer, par mes pensées inconscientes, sur la teneur des messages reçus, voilà que mes amis prétendaient le contraire : c'était leur pensée à eux qui, parfois, influençait mon conscient! Certaines de mes réflexions m'étaient directement inspirées par eux, à mon insu!...

Et après tout, pourquoi pas? Cela pouvait expliquer bien des choses.

Je passe intentionnellement sur d'autres séances dont le détail pourrait lasser le lecteur, soit que les sujets soulevés aient présenté un caractère par trop personnel, soit qu'ils aient constitué des répétitions (mes « amis » revenaient souvent sur leurs thèmes favoris). Je reçus aussi, à plusieurs reprises, des communications qui affirmaient me venir d'un ami très cher, décédé brusquement dix-huit mois plus tôt. Cela me parut tellement *incroyable* que j'hésitai longtemps à reconnaître que cela *pouvait* réellement être « lui ». Lorsque cette voix intérieure me souffla : « Je suis François P... », alors que j'avais, en pleurant, suivi le cortège mortuaire de cet ami jusqu'à sa tombe, je fus sur le point de ne voir dans cette intrusion qu'une faute de goût. Tant que mes interlocuteurs s'étaient recrutés parmi des inconnus, je n'avais éprouvé aucune gêne à les interroger. Mais de là à accepter l'idée que François, de l'Au-delà, s'adressait de nouveau à moi, il y avait un abîme. Il parvint néanmoins, au prix d'efforts réitérés, avec tout le tact dont je le savais capable, à me faire admettre sa présence. Je ne voulus pas, cependant, exiger une *preuve* de lui, on ne tardera pas à comprendre pourquoi.

Le 1er août, au matin, Alain me dictait :

« Les vérifications sont détestables. Il n'y aurait plus de mérite à croire. Parfois nous essayons de fournir des preuves, ça finit toujours mal pour tout le monde, pour nous inclus. »

Quatre jours auparavant, le 27 juillet, un autre porte-parole, à qui je demandais la raison pour laquelle il est si difficile d'opérer des vérifications, m'avait répondu :

— Il y en a plusieurs. En l'occurrence, *tu as peur* de recevoir des preuves formelles.

Fut-ce pour démontrer que je n'avais pas peur? Je m'enhardis jusqu'à lui demander :

— Dans quel hôtel Alain a-t-il été employé?

A ma profonde stupéfaction, la réponse tomba net, sous la forme d'un nom en quatre syllabes : X***, à Paris. Or, je connaissais bien la rue X***, mais je n'y avais remarqué aucun hôtel portant cette appellation.

J'interrogeai :

— Est-ce le nom de la rue, ou bien celui de l'hôtel?

— Hôtel.

— Et le nom de famille d'Alain, c'est bien Mautessier?

Il y eut une hésitation, puis :

— Oui, *à peu près.*

— J'ai donc en main tous les éléments nécessaires pour vérifier...

— Oui. Si tu en as le courage. *Mais il faudra le payer, parce qu'une certitude, c'est cher, et ça tire à conséquence.*

Dix minutes plus tard, je scrutais l'annuaire des téléphones et constatais qu'il existe effectivement à Paris un Hôtel X*** qui, assez curieusement, n'est pas situé à proximité de la rue du même nom, mais dans un autre arrondissement de la capitale.

Il ne me restait plus qu'à me mettre en rapport avec la direction de l'hôtel et m'enquérir d'un certain Alain Mautessier — ou peut-être Tessier? — qui aurait servi dans cet établissement deux ans auparavant, et demander ce qu'il était advenu de lui depuis lors.

L'enjeu était énorme.

Si l'on me répondait que cet Alain était un inconnu, qu'aucun employé portant un nom approchant ne figurait sur les registres de l'hôtel, c'en serait fait d'un seul coup de toute mon expérience et de toutes mes illusions. Je saurais alors, de façon certaine, que j'étais le jouet de phantasmes.

Si, au contraire, on me répondait : oui, nous avons bien connu le jeune Alain, malheureusement il est décédé dans un accident de motocyclette, — cela eût comporté de telles conséquences que j'en étais pris de vertige et que j'osais à peine les envisager.

Cela eût signifié ceci : *il est réel, et prouvé, que les morts continuent à vivre; et il est réel, et démontré, que l'on peut communiquer avec eux.*

D'aucuns auront peut-être quelque difficulté à me comprendre : je ne me sentis pas capable, sur le moment, d'entamer cette enquête, pourtant relativement facile (elle fut menée à bien, par d'autres, un mois plus tard.) Je ne me sentais pas de taille à affronter le choc d'une révélation aussi lourde de conséquences, en cas de résultat positif; mais je craignais davantage encore la déception que ne manquerait pas de m'infliger une réponse négative que je considérais comme infiniment plus probable.

Je conservais par-dessus le marché présente à l'esprit cette mystérieuse menace : « Vérifie, si tu en as le courage. Mais il faudra le payer : les certitudes coûtent cher. » Qu'est-ce que cela pouvait bien vouloir dire? Et quand, trois jours plus tard, Alain m'eut déclaré que les recherches de preuves « tournent toujours très mal », y compris pour les défunts, mon désarroi fut complet. Je supposai d'abord que l'esprit qui se présentait comme Alain disait cela pour me détourner de mon projet afin d'empêcher ma démystification. Mais s'il disait vrai? Je pouvais, à la rigueur, prendre sur moi les risques de l'entreprise, dût-elle me coûter « cher », mais je ne me sentais pas le droit d'en imposer les effets éventuels à des entités inconnues qui pouvaient en pâtir injustement, alors qu'elles me témoignaient tant de bonne volonté...

Je demeurai pendant quelques jours en proie à toutes sortes de sentiments contradictoires. Le moment était mal choisi : il fallait organiser un départ en vacances familiales, et je quittai Paris pour la Savoie sans avoir pris de décision. Peut-être est-ce le grand air des montagnes qui me permit de reprendre le dessus, d'autant plus qu'une idée machiavélique venait de germer en ma tête : puisque j'étais momentanément empêché de poursuivre mon enquête de par mon séjour à Morzine, j'allais en charger quelqu'un d'autre : toi, mon vieux Paul.

Je t'écrivis donc une longue lettre où je te mettais au courant des derniers rebondissements, et je te priais de bien vouloir contacter les gens de l'Hôtel X***, pour leur poser des questions sur Alain. Je te rappelais les principales données que je possédais à son sujet :

— Nom : Alain Mautessier, ou peut-être Tessier tout court, ou quelque chose d'approchant;
— Enfant élevé à l'Assistance publique;
— Pas de famille;
— Age au moment du décès : une vingtaine d'années;
— Caractère aimable et capable d'humour;
— Passionné de cheval;
— A été liftier à l'Hôtel X***, à Paris;

— Est mort il y a environ deux ans à la suite d'un accident de moto.

« Avec ça, ajoutais-je à ton intention, tu devrais pouvoir t'en tirer. » Et je jetai ma lettre à la boîte, avec l'impression de jouer les Césars franchissant le Rubicon.

2

Comme dans les romans à supense, cette démarche fut suivie d'une longue attente pendant laquelle il ne se passa rien. Vacances. Promenades à travers les forêts de sapins. L'air des cimes...

Chaque jour, je guettais l'arrivée du courrier avec l'espoir de recevoir un mot de toi, espoir mêlé de crainte : car, à vrai dire, je m'attendais de plus en plus à un résultat négatif. Il était hautement improbable qu'un garçon du nom d'Alain Mautessier eût effectivement fait partie du personnel de l'Hôtel X***. J'avais dû passer par la rue X*** quelques jours avant la communication, et ce nom s'était automatiquement présenté à ma conscience; le hasard voulait qu'un hôtel de même appellation existât à Paris dans un autre quartier, coïncidence sans rapport avec le phénomène psychique dont j'étais le sujet. Je m'y résignais à l'avance.

Je m'en consolais assez facilement, car — même en cas d'échec sur ce point particulier —, il n'en restait pas moins que mon aventure comportait des aspects vraiment très troublants, que la psychologie classique serait insuffisante à expliquer tout à fait. Oh! bien sûr — je n'en disconvenais pas —, une partie de ce que je notais sur le papier pouvait, devait surgir de quelque obscur recoin de moi-même. D'ailleurs mes « défunts » ne le niaient pas, ils admettaient que des mélanges pouvaient se produire, qu'en certaines occasions ma propre pensée oblitérait la leur et faussait la communication, de même que, à l'inverse, je prenais pour miennes des idées qui m'étaient soufflées par eux.

Il se produisait pourtant des cas où le doute devenait injustifiable, notamment lorsque les paroles reçues présentaient un caractère *totalement imprévisible* et rendaient pour moi un son parfaitement étranger : voici deux exemples de communications si éloignées de mes propres préoccupations que je ne peux pas m'en attribuer la source.

Un soir (le 3-11-72), après que j'eus déjà rempli deux grandes pages sous la dictée d'un messager de marque, venu, disait-il, de très haut — j'en reparlerai —, celui-ci prit congé et me quitta. J'avais l'esprit encore tout vibrant des conseils spirituels qui venaient de m'être prodigués, lorsqu'une « petite » voix intérieure se glissa dans ma tête, demandant curieusement : « Qui est là? » (D'habitude, c'est au percipient de poser une telle question.) Je me présentai; après quoi je retournai l'interrogation dans l'autre sens. La petite voix s'éleva de nouveau (et il me semblait percevoir un timbre aigu) :

— Je suis un petit enfant qui est ici.

— Tu es bien?

— Oh oui! Mais ce n'est que pour un instant, je dois repartir.

— Pour aller où?

— Là où je vais. On m'attend. Au revoir!

— Au revoir, petit enfant!

Comme saisie d'un regret, la petite voix revint et ajouta quelques éclaircissements :

— Je m'en vais là où j'ai des parents si gentils ils sont avec moi on est morts tous ensemble. Il y avait du bruit et puis c'était la mort, autre chose quoi. Tu es gentil aussi et tu seras bien ici, on est bien ici quand on est gentil. Tu verras, c'est *beau!!!*

— Tu es une petite fille?

— Non, un petit garçon. Je suis content. Et toi?

— Moi aussi, merci. Va vite rejoindre tes parents, s'ils t'attendent.

— Ben oui, j'y vais, au revoir!

Silence.

Rien ne présageait, dans le contexte psychologique du moment, cette courte récréation enfantine. Je relus avec amusement cette phrase descriptive, si éloquente dans sa concision : « Il y avait du bruit et puis c'était la mort, autre chose quoi. » Cela ne s'invente pas.

L'autre exemple porte sur un dialogue apparemment absurde datant du 26-6-73. J'avais ce soir-là des questions à poser et je comptais sur la présence de mes guides habituels.

Voici les mots qui me parvinrent, contre toute attente :

— Bonsoir. Tu cherches midi à quatorze heures il n'y a personne à qui parler tout le monde est de sortie.

Moi : Qui parle?

— Un employé.

Moi : Où sont-ils tous partis?

— En mission. Ailleurs.

Moi : Et toi, que fais-tu?

— Je veille en cas de besoin. Mais tu n'as besoin de rien, pas urgent.

Moi : Merci tout de même.

— Pas de quoi.

Et ce fut tout pour cette séance-là, la plus courte de toute ma carrière...

L'ambiance de Morzine se prêtait mal à ce genre d'activités et je suscitai relativement peu de communications. Cependant, comme il m'avait été conseillé (par Alain entre autres) de ne pas laisser passer trop de temps sans me livrer à un essai, fût-ce au titre d'exercice d'entretien, je profitais çà et là d'un moment perdu pour reprendre mon crayon.

— Tu fais bien, me dit Alain. Mais c'est inutile maintenant, tu es en vacances et nous, nous sommes à d'autres tâches. N'espère pas de message extraordinaire pour l'instant.

Je m'enquis des progrès de l'enquête qui le concernait.

— Aucune importance. *Nous t'aimons mieux croyant que certain.* Laisse les autres chercher. Toi, tu as trouvé. Ne fais pas machine arrière. C'est important.

Quelques jours plus tard, de plus en plus inquiet de ne recevoir aucune lettre de Paris, je renouvelai ma demande : que se passait-il? Pourquoi n'étais-je pas encore fixé?

Et cette fois, il se passa quelque chose d'inattendu : Alain *me mentit.*

— L'enquête en est où je veux qu'elle soit, dit-il. C'est-à-dire au point mort. D'ailleurs tu n'espères rien de ce côté-là et tu as raison. L'Hôtel X***, ce n'est pas celui de Paris, c'est à Menton.

Je sursautai. Que venait faire la ville de Menton, qui était bien la dernière dont je me souciais?

MOI : Tiens, dis-je, Menton, maintenant!

ALAIN : Pourquoi pas?

MOI : Je vérifierai.

ALAIN : Tu es embêtant.

MOI : Oui, je vois bien que ça t'est désagréable. Mais tu devrais comprendre si tu te souviens encore de l'ignorance où nous sommes sur terre!

ALAIN : Mais c'est voulu, ce mystère! Déjà beau qu'on puisse te parler. N'en fais pas mauvais usage.

Une heure après, je revenais à la charge :

— Désolé, Alain! J'ai consulté le Michelin, il n'existe pas d'Hôtel X*** à Menton.

— Ecoute, répondit mon jeune gardien, tu commences à m'ennuyer. *Je ne veux pas que tu aies des preuves.* C'est mauvais pour toi et pour les autres. J'ai eu tort de commencer. N'en parlons plus, tu veux? Tu verras bien ce qui va arriver.

Et, en effet...

Le 22 août, je reçus de toi un mot bref, ainsi conçu :

Cher Julien,

*Mon bon, assieds-toi et prends un cordial. Un sieur Alain Tessier a bien été chasseur à l'Hôtel X***, jusqu'a il y a environ un an et demi. Il était féru de chevaux. Il a disparu sans avertir. On ne sait pas, à l'hôtel, ce qu'il est devenu.*

Ça t'en bouche un coin? Pas tant qu'à moi. Je te donnerai les détails à ton retour.

A bientôt, P. M.

N'ayant pas pris la précaution, comme tu me le conseillais au début de ta lettre, d'avaler un cordial avant de poursuivre ma lecture, j'en fus quitte pour m'en servir un double aussitôt après. Une bonne rasade de whisky sec, sans glace. Mes mains tremblaient, un ouragan dévastait ma tête.

Donc, tout était vrai. Donc, Alain avait réellement existé. Donc, il existait toujours, puisqu'il me parlait. Donc les morts vivent. Donc, on peut recevoir d'eux des messages télépathiques, au moins sous certaines conditions, des messages qui ne se réduisent pas à des phantasmes du subconscient. Donc...

Je venais de recevoir, me semblait-il, une certitude à propos d'un mystère que le monde entier considère comme impénétrable (j'ignorais à cette époque que je n'étais pas le seul, que d'autres avaient déjà été favorisés de la même façon). J'étais bouleversé, on le serait à moins. Et en cet instant je me souvins tout à coup des réticences de mes amis invisibles : « Les vérifications sont détestables. Nous t'aimons mieux croyant que certain... »

Qu'avais-je donc fait de mal? Je pris mon crayon

pour le leur demander. Mais je ne perçus d'abord que des incohérences, mon cerveau zigzagait. Enfin, cette phrase qui exprimait la situation : « Tu es trop perturbé, communication impossible. » Je renonçai.

Je ne pus attendre un jour de plus et je pris le train pour Paris. Je voulais te voir. Je supposais que, ayant écrit à l'Hôtel X***, tu avais reçu une réponse par lettre. J'avais besoin de lire cette lettre de mes propres yeux.

A peine arrivé, je te téléphonai pour prendre rendez-vous : il me fallait ce document.

Mais il n'y avait pas de document. Tu avais effectivement écrit à la direction de l'X***, après quoi tu avais attendu en vain la réponse, guettée jour après jour. Voyant que rien ne se produisait, une idée t'était venue : comme tu n'es finalement pas plus doué que moi pour les enquêtes policières, tu t'étais déchargé de cette tâche sur les épaules d'un tiers, — en l'occurrence Gilbert Perrin, un scientifique, chargé de recherche au Z. W. X. Tu avais tout de même eu la délicatesse de ne pas me nommer : tu avais simplement parlé d'un « médium » qui préférait demeurer non identifié.

— Si tu veux avoir tous les détails de la bouche même de l'enquêteur, téléphone à Perrin, me dis-tu.

Je connaissais Gilbert Perrin pour l'avoir rencontré à deux ou trois reprises, et je fus surpris de ce choix car je tenais cet homme pour un esprit plutôt rationaliste, en tout cas peu enclin à se passionner pour une histoire d'« esprits ». En fait, j'ignorais qu'il s'intéressait vivement à la parapsychologie, à la télépathie, et à tout ce qui touche de près ou de loin cette discipline.

J'eus quelques difficultés à le joindre, la ligne téléphonique étant le plus souvent occupée. Lorsqu'il fut au bout du fil, je lui demandai ce qu'il pensait de l'affaire de l'Hôtel X***.

— Tiens donc! s'exclama-t-il, je croyais qu'il s'agissait d'une enquête strictement confidentielle, et vous êtes au courant?

Je lui avouai, un peu gêné, que le médium inconnu, c'était moi. Il ne me cacha pas sa surprise.

— Vous? Eh bien, permettez-moi de vous féliciter : l'expérience est extrêmement intéressante. A vrai dire, je ne sais comment l'interpréter, car — autant vous le préciser tout de suite — je ne crois pas du tout aux « esprits » ni à aucune forme de survie après la mort. Je suis absolument réfractaire à ce genre de théorie. Admettons que ce soit de ma part un parti pris philosophique; le fait est que je n'y crois pas. Je crois, par contre, à la télépathie entre vivants, et à ses possibilités insoupçonnées...

« Bref, vous voulez sans doute que je vous raconte comment les choses se sont passées; je ne veux pas vous faire languir.

« J'ai appelé l'Hôtel X*** par téléphone et j'ai demandé à parler à une personne qui serait au service de cet établissement depuis assez longtemps pour me fournir un renseignement datant d'environ deux ans. On m'a passé le portier. Je me suis alors lancé dans un gros mensonge, je lui ai dit que j'étais en train de monter un haras en province et que j'avais besoin de quelqu'un qui s'y connaissait en chevaux; or, je me souvenais d'avoir conversé avec un jeune garçon, employé de l'hôtel, qui paraissait passionné de cheval... « Est-ce que cela vous dit quelque chose? » ajoutai-je.

« Le portier me répondit : « Attendez, oui, je vois très bien de qui vous voulez parler, ça devait être le petit Alain Tessier. Il a fait un stage comme chasseur dans la maison. Il était féru de cheval, c'est ce qui me fait penser à lui.

« Je lui demandai quel genre de garçon c'était.

« — Oh! très gentil, très serviable, très sérieux dans son travail. Vous pouvez lui faire toute confiance.

« — Mais... où pourrais-je le toucher?

« — Ah! ça, monsieur, je suis désolé, mais je ne sais pas où il se trouve actuellement. Il a quitté l'hôtel un jour, brusquement, sans prévenir; ça nous a même étonné de sa part. Il n'a plus jamais donné de ses nouvelles.

« — Vous ne savez pas s'il avait de la famille à Paris, enfin quelqu'un qui puisse m'aider à le retrouver?

« — Non, monsieur, malheureusement. Vous savez, les chasseurs d'hôtel, ça vient, et ça s'en va, ils ne font pas partie du personnel stable. Tessier n'est pas resté ici très longtemps.

« — Il y a de cela combien de temps?

« — Ça remonte assez loin, un an et demi, au moins, peut-être plus. Au fait, monsieur, c'est bien vous qui m'aviez déjà écrit pour demander ces renseignements? Votre lettre a passé de service en service avant de me parvenir; je n'ai pas encore eu le temps de répondre, vous voudrez bien m'en excuser... »

— Voilà, c'est tout, conclut Perrin. Quelle est votre opinion?

— Je n'en ai aucune. Je suis abasourdi.

— Il y a de quoi, concéda-t-il.

— Je suppose, ajoutai-je, que l'accident de motocyclette est pour quelque chose dans la disparition subite d'Alain, parti « sans prévenir ». Il a dû s'en aller en promenade un jour de congé, sans avoir eu le loisir de s'expliquer, et se tuer bêtement en chemin. Comme il n'avait pas de famille, la direction de l'hôtel n'a pas pu être prévenue...

— Oh mais, attendez! N'allez pas si vite, dit l'homme de science, vous êtes bien pressé! Il faut examiner les choses les unes après les autres. Vous savez maintenant qu'un Alain Tessier correspondant au signalement que vous avez perçu télépathiquement a réellement existé — encore que vous parliez d'un Mautessier, et non d'un Tessier...

Je protestai :

— La différence n'est pas grande, et capter un nom propre dans ces conditions n'est pas chose facile. D'ailleurs, lorsque j'avais demandé si le nom d'Alain était tel que je l'avais compris, on m'a répondu avec une légère hésitation : « Oui, à peu près. » C'est presque une confirmation... Et il y a tout le reste : le nom de l'hôtel, dont j'ignorais totalement l'existence à Paris, l'amour des chevaux, son départ brusqué à une époque voisine de celle de l'accident allégué, — enfin, j'ajouterais même le côté sympathique du garçon, « serviable, sérieux au travail », c'est ainsi qu'il m'apparaissait au travers de nos conversations... Cela ferait vraiment beaucoup de coïncidences.

— Je vous l'accorde, dit Perrin. Il n'en reste pas

moins que vous ne possédez aucune preuve de sa mort!

Je demeurai interloqué. Perrin poursuivait :

— Je répète : il n'est pas du tout certain qu'Alain Tessier soit mort dans un accident de motocyclette. C'est lui qui vous a raconté ça, mais vous n'en savez rien. Il est peut-être, à l'heure actuelle, aussi vivant que vous et moi.

Je continuais à ne pas comprendre.

— Comment cela? fis-je. S'il n'était pas mort, que signifieraient tous ces messages télépathiques?

— Eh bien, justement! Je vous ai dit que je ne croyais pas à la survivance de l'âme après la mort. Je tiens que la télépathie n'est possible qu'entre deux *cerveaux* vivants; un cerveau mort n'émet plus rien. Les messages que vous percevez ne peuvent donc provenir, à mes yeux, que d'un cerveau vivant, quel qu'il soit, d'ailleurs. Quelqu'un a peut-être intérêt à vous faire croire qu'il est l' « esprit » d'Alain Tessier. Et vous marchez...

— Bien sûr, je marche! Votre hypothèse me paraît aventureuse : quelle sorte d'avantage quelqu'un tirerait-il d'une pareille supercherie?

— Je n'en sais rien, moi! Je vous dis ce qui me paraît possible, la conversation avec un défunt étant pour moi chose exclue. J'admets donc que votre Alain Tessier est un personnage réel, mais je ne vais pas plus loin; pour me faire croire à sa mort, il me faudrait un rapport de gendarmerie relatant son accident, ou tout au moins l'indication du lieu de sa sépulture. Tâchez de me découvrir sa tombe; auquel cas je me verrais peut-être obligé de réviser mes idées sur la question.

Je priai Gilbert Perrin de me pardonner pour l'avoir si longtemps retenu au téléphone, et après l'avoir remercié de s'être donné le mal de mener l'enquête, je raccrochai, l'esprit en déroute.

Il ne me restait plus qu'à recontacter Alain lui-même.

Je m'efforçai de retrouver un calme relatif, puis je pris place devant mon bureau, taillai lentement la mine de mon crayon en prenant tout mon temps. Mais déjà me parvenaient les premiers mots d'Alain qui entamait la conversation avec sa simplicité coutumière :

— Alors, disait-il, maintenant, qu'est-ce qu'on fait?

Je lui répondis en lui exprimant toute ma gratitude pour l'extravagant cadeau qu'il m'avait octroyé : grâce à lui, je *savais* que ces dialogues ne sortaient pas de mon inconscient, qu'ils n'étaient pas illusoires, mais réels. Je savais que les morts vivent. Je savais qu'Alain lui-même existait vraiment en quelque façon, dans un monde inimaginable. J'ajoutai :

— Tu dois être content de voir que je ne doute plus.

ALAIN : Je le sentais venir. Tu as une responsabilité maintenant. Tâche d'être à la hauteur. Je ne sais pas si tu te rends bien compte de ce qui t'arrive, c'est formidable. Profites-en et ne te laisse pas décourager par ceux qui ne croient pas.

(« Tu as une responsabilité maintenant »... Cette phrase éveilla brusquement en moi le souvenir d'un verset de l'Evangile : « A celui à qui on a beaucoup donné, il sera demandé davantage. » J'étais celui à qui on venait de donner beaucoup : qu'exigerait-on de moi?... Mais ma pensée fut détournée et je m'aperçus que j'avais un compte à régler avec Alain : pourquoi m'avait-il menti en me parlant de Menton?)

ALAIN : C'était pour t'égarer, parce que je ne voulais pas que tu saches. Maintenant, c'est fait, c'est fait; tu *sais.* Non, ajouta-t-il, tu doutes encore. Jamais allé à Menton. Ma grand-mère y a été.

Je sursautai.

MOI : Attention, Alain, tu es en train de te couper. Tu es un enfant de l'Assistance, et tu viens me parler de ta grand-mère?

(Mais Alain avait réponse à tout.)

ALAIN : Ben oui, je l'ai vue *ici.* Elle m'a accueilli et m'a aidé. Elle m'aimait bien.

MOI : Et tes parents?

ALAIN : Oh, c'est des pas grand-chose, les pauvres, Ils vivent toujours, je ne peux rien pour eux, c'est une autre affaire. Comme je ne les ai jamais connus, ça ne me trouble pas beaucoup. Il y a tellement d'autres gens à aimer, c'est merveilleux, surtout depuis que je suis ici.

(Il y eut une courte pause, puis Alain reprit :)

ALAIN : Tu me fais pitié avec tes airs déconfits. Tu devrais rigoler et danser de joie en apprenant que quand on meurt on accède à un état meilleur qui franchement dépasse tout ce qu'on peut imaginer sur la terre. Et puis, tu sais que j'existe vraiment; ça ne te fait pas plaisir?

MOI : Mais si, tu vois bien; c'est toutes les implications qui m'effrayent et me laissent perplexe.

(Il y eut un moment de « fading » suivi d'une interruption de la communication. Elle se rétablit un peu plus tard.)

Moi : Alain, tu es toujours là?

Alain : Oui, mais ça ne va pas bien, ce soir. Tu es loin. Ou moi.

Moi : Si tu as une autre mission, je ne veux pas te retenir; sinon, tâche de rester ou de revenir.

Alain : C'est que tu as changé, à cause de la nouvelle; le diapason est monté, il faut que je m'accorde.

Moi : Tu dois sentir, Alain, que j'ai beaucoup d'amitié pour toi.

(Il me semblait en effet que nous étions devenus une paire de vieux camarades.)

Alain : Oui, je le sens, mais justement il faut que tu apprennes à te détacher en montant. Moi, je ne suis peut-être plus celui qu'il te faut. J'ai fait ce que j'avais à faire, ça m'a coûté, je prévoyais qu'il faudrait te laisser partir et parler avec d'autres.

Moi : Maintenant qu'on se connaît bien, tous les deux, on ne va pas se quitter comme ça!

Alain : Ecoute, Julien. Il ne faut pas te laisser impressionner, tu trouveras d'autres interlocuteurs. Ou peut-être plus du tout, qui sait? La volonté de Dieu, c'est bizarre, on ne sait jamais au juste. Mais ne t'en fais pas pour moi, je suis très content d'avoir servi — ne serait-ce que pour que tu croies définitivement. Hurrah! C'est réussi. Mais maintenant il va falloir que tu joues serré. Il n'y a plus de temps à perdre à batifoler...

Moi : Moi, je batifole?...

Alain : Enfin, quoi, n'arrête pas pour des mots

(sic). Il n'y a plus de temps à perdre, il faut que tu fasses ton possible et même plus.

MOI : Mon possible en vue de quoi? Comment?

ALAIN : Sûrement quelqu'un te le dira plus en détails... Bon, écoute, ça suffit pour ce soir, je te promets de revenir, mais il faut que je te laisse. Au revoir, Julien!

Je fus triste, ce soir-là, alors que j'aurais dû me sentir joyeux. Ce qui m'empêchait de goûter pleinement la grâce qui venait de m'être faite, c'était — entre autres — le souvenir des propos de Gilbert Perrin : je ne serais vraiment sûr de mon fait que lorsque j'aurais trouvé le lieu où le corps d'Alain était enterré.

3

Anxieux d'aller droit au but, j'ai volontairement laissé de côté une série de « messages », ou parties de messages, qui avaient trait à tout autre chose qu'à la vérification de l'identité d'Alain Tessier. Je me sens maintenant obligé de revenir un peu en arrière afin que ce récit constitue un témoignage complet.

Je passe rapidement sur quelques avertissements moraux dans le genre de ceux-ci :

(3-7-73) — Tu as la pensée juste, mais ce sont tes actes qui sont pauvres. Nous ne pouvons pas les faire à ta place, tout de même! Equilibre tes actes avec tes pensées et ça ira mieux... Tu es beaucoup trop gourmand de bonnes choses. Contente-toi de celles que tu as, c'est déjà beaucoup; tu es mieux partagé que beaucoup d'autres. Sur terre, il y a tant de souffrance. Prends-en ta part avec allégresse, ta part est petite. Aime ton prochain, enfin tu sais tout ça...

(11-7-72) — Tu n'es pas ce que tu crois, il y a en toi des choses meilleures que d'autres, mais c'est avec surprise que tu verras clair en toi-même un jour si tu suis nos conseils... Tu les suivras ou non, mais nous te dirons notre façon de voir... Laisse-toi mener vers Dieu avec fermeté.

Le 4 août, un ami anglais qui me savait amateur d'ouvrages sur l'Au-delà me fit parvenir un livre intitulé *A Faith for the New Age* (Une Foi pour l'Ere Nouvelle), d'un auteur nommé David Vaughan (1967). La dédicace comportait ces mots : « ... A mes amis défunts, dont les paroles prononcées ou écrites ont élargi ma vision chrétienne vers des horizons éternels. » Une première partie présentait un ardent plaidoyer en faveur de la survie, ponctué de citations aussi respectables que celle-ci, tirée d'un ouvrage de l'astronome Jeans : « La vie (de Jésus) se meut tout entière dans la sphère du surnaturel. Tout le poids de Sa pensée et de Son action porte sur le fait que le véritable centre de gravité de la vie ne doit en aucune façon être recherché en ce monde-ci. » Ou encore, d'après le Rev. O. Fielding Clarke : « De même que le christianisme est enraciné dans un événement qui eut lieu (sur terre), de même il porte ses regards vers un autre événement à venir, mais dans une autre dimension. La vie terrestre ne comporte pas d'explication en elle-même... »

Un long paragraphe de David Vaughan m'intéressa particulièrement en ce qu'il faisait allusion aux phénomènes dont j'étais l'objet. L'ouvrage n'ayant pas, à ma connaissance, été traduit en français, je crois devoir reproduire ici tout ce passage : « Dans certaines conditions physiques ou mentales, le Moi se décale vers un certain plan, une certaine dimension intérieure de la conscience, où règnent des lois psychiques (ou paranormales) transcendant de loin les lois et les pouvoirs de la perception sensorielle, physique. Par exemple, une information rationnelle ou subjective peut se trouver instantanément (et souvent à grande distance) communiquée d'une conscience humaine à une autre, et, très vraisemblablement, d'une conscience défunte à une conscience vivante. A un niveau plus profond, parfois au cours d'un état de rêve ou de transe, l'information semble se glisser dans la conscience d'un « médium » d'une manière analogue au jaillissement de l'inspiration chez un artiste. Dans certains cas le « message » est perçu par clairaudience et transmis ensuite par la voix du médium; dans d'autres circonstances, l'information s'inscrit par « écriture automatique » (souvent avec une grande rapidité), le degré d'éveil variant suivant les percipients. *Bien qu'une partie des informations ainsi reçues puisse, sans doute aucun, provenir en tout ou en partie du subconscient du médium, ou de celui d'autres personnes présentes* (c'est moi qui souligne), *des indices surabondants démontrent qu'une bonne proportion des « messages » reçus par écriture automatique ou par transmission orale de médiums en transe, tire son origine de consciences désincarnées.* »

Selon l'auteur (et d'ailleurs selon le témoignage des défunts eux-mêmes); ce phénomène suppose une relation directe entre le *niveau* psychique du médium et le plan où se meut, dans l'Au-delà, celui qui dicte le message. Car il y a, comme chacun sait, de « nombreuses demeures » dans la Maison du Père, et il est probable que les âmes s'élèvent ou s'enfoncent selon leur degré de « flottabilité » spirituelle. En sorte que la qualité des messages perçus doit dépendre de la spiritualité de celui qui les perçoit...

Après une cinquantaine de pages consacrées aux

commentaires de David Vaughan, l'ouvrage reproduisait deux cents extraits de communications émanant d'entités célestes, rédigées dans un style mystique de très haute volée, fournissant un enseignement à la fois théologique, cosmologique et moral inscrit dans la ligne *christique*. Je me sentis incapable de les lire tous : mes amis invisibles ne m'avaient pas habitué à une littérature aussi ampoulée, redondante, grandiloquente; j'aimais leur familiarité, qui contrastait avec le langage pompeux si cher aux Grands Esprits (comme ceux qui inspiraient Victor Hugo, par exemple).

Le soir même de ce 4 août, à la suite de cette lecture qui avait dû faire « monter mon diapason » (comme disait Alain), je fus mis en contact avec une équipe plus évoluée dont le style différait sensiblement des messages coutumiers. Avec docilité, j'écrivis ce qu'on me dictait :

« — Tu es content de toi, mais tu n'as pas autant de raisons de l'être que tu le crois... Ne va pas t'imaginer que nous sommes à même de te guider contre toi-même; par conséquent, tout doit venir de toi. Que dirais-tu si on te confiait un message vraiment important et quelque chose à réaliser en vue du sauvetage du monde? Tu aurais peur, sans doute; non forcément pour toi, mais à cause de la responsabilité engagée, sur la foi de quoi? de « messages spirites »! Alors tu ne voudrais pas te compromettre.

« Dis-toi bien que la vérité n'attend pas que tu l'approuves ou non, elle est là et elle se fait jour au fur et à mesure des besoins de l'instant. (...) Il faut bien te dire que les choses ne sont pas forcément toujours roses de bout en bout, même avec notre aide. Tu auras des décisions à prendre, et nous ne pourrons que te conseiller ceci ou cela, mais sans avoir à tes yeux l'autorité suffisante pour te contraindre, et d'ailleurs il n'est pas question de te contraindre, *tu es libre.* »

Moi : Qui parle aujourd'hui?

Réponse : Des amis de tes amis. Tu viens de lire des choses sérieuses et donc nous sommes sérieux parce que tu es rendu plus réceptif. (Ce livre) est un écho de la Vérité, même s'il te déplaît par son style solennel. La Vérité est solennelle, et quand il s'agit de ces problèmes qui engagent le monde, ce n'est pas matière à plaisanterie. Mais tu n'es pas encore prêt à « contenir » le sérieux de la chose. Quand cela viendra, tu parleras comme nous. Avoue que (pour l'instant) tu n'as pas l'intention de te compromettre de façon publique dans des affaires de ce genre parce que tu n'y crois qu'à moitié et que tu crains le ridicule... Fais attention à tes actes et prie, prie, prie.

Je sautai sur l'occasion pour demander des conseils à propos de prière. Je me rendais parfaitement compte de ce que ma foi religieuse demeurait surtout intellectuelle (tout dans la tête, rien dans le cœur). Lorsque j'essayais de me recueillir, j'étais immédiatement la proie de toutes sortes de distractions; le contact que j'espérais ne se produisait jamais. Dieu était loin, et Jésus très occupé à d'autres problèmes que les miens. Mes paroles s'envolaient vers l'extérieur et se perdaient dans l'espace. Je renonçais vite, persuadé qu'il s'agissait là d'un trait de caractère contre lequel je ne pouvais rien, j'étais ainsi fait par nature : je ne deviendrais jamais un « mystique ». C'est pourquoi je m'exprimai ainsi à l'adresse de l'invisible :

Moi : Donnez-moi des conseils pour bien prier, et efficacement, en tenant compte des circonstances personnelles et particulières.

Réponse : Bon. Ecoute. Tu choisiras une heure où tu le pourras, mais alors fais silence (en toi-même) *comme tu le fais pour écrire ces messages.* Seulement, à notre place, tu invites Dieu ou Jésus à entrer en toi, et tu lui parles *à l'intérieur,* et non face à face comme s'il était assis dans ta chambre. *Il faut que tu lui parles en toi,* non au-dehors. Après ça tu te sentiras mieux. Si tu as des phantasmes incongrus, chasse-les par la volonté; et s'ils reviennent, recommence : ils se lasseront. Est-ce que c'est clair?

Je relus le dernier paragraphe, et il me parut clair en effet. Je me promis d'essayer. L'idée ne m'était jamais venue jusque-là — elle était pourtant toute simple — que *le processus grâce auquel je percevais la voix des « esprits » pouvait également s'appliquer à la perception de l'Esprit divin.*

J'en porte ici le témoignage : ce message du 4 août, concernant la prière, marque pour moi une date importante : il a ouvert une étape nouvelle, et capitale, dans mon évolution spirituelle. C'est vraiment ce soir-là que j'ai découvert la vraie prière.

Quand ce ne serait que pour cette grâce-là, j'estime que le petit jeu des communications, auquel je me livrais depuis quelques mois par curiosité plutôt que par conviction, s'est révélé pour moi incontestablement *bénéfique.* Que ceux qui ne voient dans de telles pratiques que l'aspect dangereux d'un contact avec l'inconnu veuillent bien, en cette occurrence, apporter un rectificatif à leur jugement.

Le 19 août, ce fut autre chose.

En guise de mise en train, j'avais choisi ce soir-là de lire ou de relire, au hasard, certaines *Lettres de Pierre* (édition en sept volumes). Je m'y attardai quelque peu, si bien que, lorsque je pris mon crayon, je trouvai Alain piaffant d'impatience.

Alain : Mais qu'est-ce que tu attends pour te mettre à écrire? Nous sommes là à poireauter. Oui, tu as raison de commencer par une lecture de Pierre, mais ça dure trop longtemps; après tu es fatigué. Il est temps, on commence. Pose des questions.

Moi : Quelle ressemblance y a-t-il entre le *rêve* tel que nous le connaissons sur terre pendant notre sommeil et la vie courante chez vous?

Alain : Eh bien ! voilà de quoi parler longtemps. Le rêve terrestre c'est un peu comme des images de cinéma, mais le scénario est confus et incompréhensible; les symboles se superposent les uns aux autres et cela devient inextricable. Tu comprends? Bon. Ici, c'est différent : on ne « rêve » pas, on vit dedans et on voit différemment.

Moi : Voyez-vous des images?

Alain : Oui, aussi. Mais pas forcément, pas tout le temps. Il y a aussi les impressions, les sensations, les odeurs, les... C'est très différent. Et puis ça a un sens, c'est organisé, ça tient debout parce que c'est vrai. Ça se tient aussi bien que la vie éveillée sur terre. Seulement, c'est fluctuant, comment dire? Il n'y a pas de murs et les choses s'imbriquent... Tâche de réfléchir à ça, ça ne s'exprime pas bien; avec des mots, on n'y arrive pas.

(Effectivement, Alain s'empêtrait dans des phrases difficiles; il lui eût fallu le talent de « Pierre » pour traduire ces choses avec clarté. Je continuai cependant à l'interroger.

Moi : Qu'est-ce qui vous sert de « matière »? (Je voulais dire : de quelle « étoffe » votre environnement est-il composé?)

Alain : Rien du tout, ici on est dans l'esprit. Mais l'esprit, c'est solide, comme qui dirait; bien sûr, pas de la même façon.

Moi : Avons-nous jamais, sur terre, la possibilité de ressentir cette « solidité »?

Alain : Ah non, je ne crois pas; pas ordinairement, en tout cas. Peut-être il y a des gens qui peuvent. Pour la plupart, c'est une surprise en arrivant.

Moi : Est-ce que l'un de vous, là-haut, sait en quoi consiste cette « solidité »?

Alain : Eh oui, on sait parce qu'on le voit bien; il n'y a rien d'autre à en dire, ça se constate.

Moi : Je voulais dire : est-ce que cette solidité est faite de quelque chose, ou bien est-elle purement subjective?

Alain : Subjectif est un mot idiot : ici, il n'y a pas de différence (entre l'objectif et le subjectif). Tu le savais avant de le demander.

Moi : Tu ne fais que confirmer ce que j'ai déjà lu. (Je recommençais à douter.)

Alain : Mais enfin, tu vois bien que nous sommes là et que nous te parlons!

Moi : Je ne « vois » rien du tout! Je vous crois sur parole, c'est tout.

Alain : Tu viens de dire exactement ce qu'il fallait : ici, chez nous, croire et voir, c'est la même chose. On s'y fait très vite. Donc, nous sommes là. ECOUTE, TU ENTENDS? (Ces trois mots me parvinrent comme criés à toute force, à tel point qu'il me sembla en percevoir la sonorité.) Bon, alors, fais confiance.

MOI : Autre question : de quelle façon « voyez-vous » les vivants dont vous vous occupez?

ALAIN : Ah, ça c'est drôle. Je vais essayer de te dire. C'est simple mais difficile à décrire. Nous ne voyons pas comme sur terre. Il n'y a pas de « lieu » particulier; nous avons une façon particulière de sentir directement la personne.

MOI : Et son image?

ALAIN : Elle se fait, si c'est utile. Nous voyons une... Si je dis « une brume », tu vas comprendre autre chose.

MOI : C'est l' « aura » que vous voyez?

ALAIN : Peut-être, oui. Il y a des couleurs ou quelque chose comme ça.

MOI : A quoi je ressemble, pour vous?

ALAIN : A un homme vivant... Mais ce n'est pas le visage qui nous intéresse, c'est le contenu intérieur. Ça forme une vision, si tu veux, comme un... Enfin, tu vois ce que je veux dire (!!!).

MOI : Avec un effort, peut-être...

ALAIN : Mais tu sais bien que tu ne pourras pas expliquer ça à d'autres, qui n'ont pas « le modèle de ces choses-là ». Tu crois, toi, que tout le monde peut imaginer ça, mais c'est pas vrai. Les gens sont aveuglés par ce qu'ils voient autour d'eux comme par trop de lumière, alors à l'intérieur c'est obstrué...

MOI : Est-ce que votre monde repose sur une base « physique » ou assimilable comme telle?

ALAIN : Comment te dire?... (Un long silence.) Qu'est-ce que tu entends par « physique »?

MOI : Quelque chose à quoi on peut donner un nom : une « énergie », par exemple.

ALAIN : Tu nous fais rigoler, qu'est-ce qu'une « énergie »? Pas notre vocabulaire ici. On n'a pas besoin de donner des noms aux choses, elles se présentent avec tant de force qu'on les ressent, et c'est plus fort que tous les « noms » qu'on pourrait donner. Il n'y a pas de Larousse ici! *(sic)*, c'est bon pour la terre. Ici, tout se présente à nu, en direct, quoi! Tu comprends. La Science, ici, c'est ce qu'on ressent et ce qui s'impose comme allant de soi, voilà. Tu es content ?

MOI : Oui, très. Merci. Est-ce que ça vous a donné du mal, de répondre à ces questions?

ALAIN : Oh non, on n'a pas fait de grands efforts; c'était plutôt amusant parce qu'avec toi on ne se gêne pas, et il ne s'agit pas d'impressionner... Mais tout ça, ça ne sert à rien, c'est de l'amusement : le même temps passé en adoration, c'est plus utile, crois-moi. Mais enfin, puisque ça peut te servir, on ne sait jamais, on est content.

Je laisse au lecteur de ces pages le soin d'apprécier comme il l'entendra la valeur d'une communication comme celle-là.

Le 27 août (soit quelques jours *après* la révélation concernant Alain Tessier), je me livre à un quart d'heure de préparation en relisant des passages de l'Evangile. Puis :

VOIX : Ecris. Tout ce que tu viens de lire est

écrit *pour toi.* Il n'y a pas un seul mot qui ne te concerne et c'est justement par le fait de cette concordance que tu verras un jour le Soleil là-haut. Ecris.

« Prier, cela veut simplement dire : avoir la pensée de Dieu, pas forcément lui demander et supplier d'obtenir. Rien que le face à face intérieur, oui, avec le Ciel. Tu ne fais jamais cela : tu pries uniquement pour demander, oui, des choses louables, de te perfectionner, etc. C'est bien, mais ce qui te manque, vois-tu, c'est le face à face, la pensée tournée vers Dieu *comme Père.* Pour toi, c'est comme s'Il planait hors de portée et tu ne t'occupes absolument pas de Lui parce que tu ne le comprends pas. De la sorte tu ne Le comprendras jamais, et tu ne le verras même pas. *Il faut* que tu apprennes à regarder Dieu comme une Personne, le Père de tous, et pas comme un nuage. Penses-y. Tu fais des progrès depuis que tu as commencé à interroger les défunts, et déjà tu vas pouvoir recevoir des messages plus importants. Tu regrettes l'humour de tes petits amis, tu trouveras mieux que l'humour : *le Souffle.* »

J'étais, une fois de plus, abasourdi. Je pensais à ceux qui ne manqueraient pas, un jour, d'accuser mon subconscient d'être le seul auteur de mes écrits, et je me disais que, dans ce cas, il faudrait tresser des couronnes à un tel subconscient, capable de composer au fil de l'écriture des textes d'une pareille élévation. S'il existait vraiment, dans notre mental humain, une part secrète qui *sait* ce que nous ne savons pas, qui nous révèle ce à quoi nous n'avons jamais osé penser, alors il faudrait que toute l'humanité en fût immédiatement avertie : aucune découverte de la psychologie moderne ne pourrait prétendre à l'importance de celle-là.

Moi : Qui êtes-vous?

Réponse : Je suis un ange du ciel et je te parle maintenant parce que tu peux m'entendre.

Moi : Un « ange », — cela veut dire que vous n'êtes pas un esprit humain?

Réponse : Non, ce n'est pas cela. C'est un stade. Je fus homme il y a très longtemps. Je redescends parfois, pas souvent. Je pense que tu avais besoin du conseil que je viens de te donner. Il t'en faudra encore d'autres (conseils) parce que tu as du chemin à parcourir.

Moi : Ce que je voudrais, c'est « convenir » à Jésus-Christ, dans la mesure de mes faibles moyens.

Réponse : Curieuse phrase! Tu lui « conviens », parce que Lui t'aime. Quant à la faiblesse de tes moyens, c'est une dérobade que de les sous-estimer. Bon prétexte pour déchoir. Tu dois donner beaucoup, mais de toi-même.

(A nouveau, je commençais à m'ennuyer, la solennité de ce discours provoquait chez moi une vague allergie. Me sachant scruté jusqu'au fond de l'âme, j'en éprouvai du scrupule, et j'en fis part à mon interlocuteur.)

Moi : Vous devez lire dans ma pensée que je réagis mal à ce genre de sermon. Non que j'en désapprouve le contenu, loin de là! Mais je ne me sens pas accordé à ce ton sublime. Quelle est votre réaction devant cette attitude? Et qu'y puis-je?

Réponse : Tu as le mérite de la franchise et cela simplifie bien des choses. Oui, ce genre de discours te paraît austère et tu préfères rire avec tes amis badins. Il n'y a pas de mal à cela, pour autant que tu notes l'essentiel de ce que j'ai pu te dire, et que tu te conformes à mes suggestions. Il faut savoir écouter les maîtres même lorsqu'ils paraissent ennuyeux : ainsi en était-il lorsque tu faisais tes études. Ce sont aussi des études que tu commences, et si tes maîtres te paraissent peu enclins à rire ,supporte-les, apporte-leur ta gaieté; ils t'en seront reconnaissants.

Moi : Puis-je savoir votre nom, s'il vous plaît?

Réponse : (Syllabes inintelligibles. Un temps, puis :) Mieux vaut en rester là, le nom ne passe pas dans ton cerveau et cela n'a pas une importance primordiale.

Moi : M'avez-vous tout dit pour ce soir?

Réponse : C'est selon. Il y a toujours à dire. Mais il faut éviter avec toi les doses fortes.

Moi : Quelle est pour moi la conséquence du phénomène « Alain Tessier » et de la « preuve » reçue?

Réponse : *Elle est énorme.* D'abord tu es averti, ce qui te facilitera l'accès dans l'Autre monde, alors que tant de gens, supposés croyants, sont complètement déroutés quand ils s'éveillent à la vie d'après. Toi, tu seras moins surpris et tu gagneras ainsi du temps. Ensuite, sachant que tout se passe comme tu commences à le savoir, tu n'as plus d'excuses pour te laisser aller à des sottises : *tes péchés comptent double!*

Moi (un peu effrayé) : Alors, que Dieu et les Saints me viennent en aide!

Réponse : Ils le font, sans quoi tu serais bien pauvre! Ce qui n'exclut pas du tout tes propres efforts : ils sont exigés. Bien, ce sera tout pour ce soir.

... Cette même voyante qui m'avait prédit qu'un jour je me découvrirais des dons de médium avait ajouté : « Quelqu'un, là-haut, vous protège. Je vois un homme entouré d'une houppelande blanche, à l'aspect oriental; j'entends un nom... on dirait :

Abra... » J'avais aussitôt pensé, sarcastique : Abra-ca-da-bra...

Mais ce soir-là, le nom d'Abra me trottait par la tête. J'interrogeai :

— Qui dois-je demander pour des conseils de cet ordre?

Réponse : Demande « Abra ». Nous saurons ce que ça veut dire.

4

Il se passa ensuite quelques événements assez pénibles.

Je crois utile de rappeler ici au lecteur que je n'invente rien. L'allure un peu romanesque que devaient prendre certaines péripéties risque de le porter à oublier qu'il ne s'agit pas d'un conte, mais de la recension, scrupuleusement exacte, de faits qui se sont produits *dans la réalité*. Réalité que je n'ai pas voulu « arranger » de façon à la rendre plus attrayante ou plus vraisemblable. Les choses se sont *vraiment* passées telles que je les relate, et pas autrement.

J'insiste également sur le fait que j'ai transcrit tous les dialogues tels que je les ai captés sous dictée; certaines répliques, lorsque je les relis longtemps après, m'inquiètent moi-même tellement elles paraissent écrites pour la scène, ou le cinéma; mais un coup d'œil à mes originaux au crayon suffit à démontrer que tout était déjà là (à l'exception des mots entre parenthèses). Le langage d'Alain continue à paraître déroutant si l'on s'attend à ce qu'un esprit défunt s'exprime avec élégance et componction; ce n'est pas le cas, et je n'y peux rien. Alain est « vivant ». Il est autonome. J'aurais pu édulcorer certains de ses termes : il m'a semblé plus honnête de les respecter.

Conservant présentes à l'esprit les paroles que Gilbert Perrin m'avait dites au téléphone, je crus qu'il m'incombait de pousser à fond la vérification des antécédents d'Alain Tessier. Effectivement, j'avais la preuve qu'il avait été vivant, je ne possédais pas celle de sa mort. En ce qui me concernait personnellement, je m'estimais déjà comblé par ce premier indice; mais il me semblait que, pour d'autres, l'enquête pouvait sembler insuffisante. Si je devais, un jour, rendre publics les événements qui venaient de modifier le cours de ma vie, il serait nécessaire de présenter des faits catégoriquement indubitables.

Alain, lui, n'était pas de cet avis. Il se faisait, si j'ose dire, tirer l'oreille. J'essayai de lui faire comprendre qu'en face de preuves irréfutables de la survie, l'humanité serait obligée de réviser sa conduite et que la vie prendrait ainsi un sens pour tous. « Oui, me répondait mollement Alain, mais tu comptes pour rien les plans du Seigneur. Ces plans ont une raison d'être. Je sais bien que les hommes passent leur temps à les déjouer, ce qui crée toujours plus de complications. Alors, moi, je ne peux pas te dire ce qui arriverait si la survie devenait une chose officielle, « scientifique », comme vous dites. »

J'insistai. Je lui demandai où avait eu lieu son accident de motocyclette. Il me répondit : « Sur la route de Fontainebleau, ou près de Fontainebleau, pas sur l'autoroute, sur une route normale.

Moi : Où as-tu été transporté?

Alain : A la morgue. A Melun, je crois; mais ça, je ne suis pas sûr, je n'étais pas conscient, tu comprends...

Je lui posai encore d'autres questions sur son enfance, sur l'Assistance publique, tâchant de découvrir çà et là des indices vérifiables. Mais il mettait visiblement de la mauvaise volonté à répondre. Il hésitait, ne se souvenait plus, paraissait mal à l'aise. « J'ai du mal, dit-il. C'est vraiment pour vous faire plaisir, mais ça m'emm..., ce petit jeu. »

Moi : Mais ce n'est pas un jeu, Alain! C'est peut-être d'une importance capitale!

Rien n'y faisait. Il embrouillait tout, et ajoutait comme pour me dérouter davantage : « Ce que je viens de te dire, c'est peut-être toi qui l'inventes. Si tu savais comme c'est embêtant pour moi! J'ai horreur du passé. Je suis un Verseau... »

Moi : Donc ton anniversaire doit tomber entre le 21 janvier et le 18 février, ou quelque chose comme ça, non?

Alain : Ecoute, la barbe à la fin. Je ne me rappelle pas. Tu sais, on ne me le souhaitait pas souvent, mon anniversaire!

Je me décidai finalement à interrompre cet interrogatoire après avoir obtenu de lui le nom du cimetière où il était enterré : sa réponse avait été « Orly ».

Gilbert Perrin m'appela au téléphone vers ce moment-là et je lui fis part de mes nouvelles découvertes : les environs de Fontainebleau, la morgue de Melun, le cimetière d'Orly. « C'est excellent! me dit-il. Et en ce qui concerne Melun, ça tombe à merveille, je dois justement faire un tour dans la région ces jours-ci; je passerai à la morgue à tout hasard, ça me distraira! »

Quant à moi, dès que j'en eus le loisir, je pris la direction d'Orly et m'arrêtai d'abord au cimetière parisien de Thiais, voisin d'Orly, où il était plus probable qu'un enfant de la capitale fût enterré; j'interrogeai les gardiens de la « conservation », lieu où les sépultures sont répertoriées; mais on ne trouva aucun Alain Tessier à Thiais. De là, je me rendis au cimetière communal d'Orly, sans plus de succès. J'eus soudain l'impression désagréable qu'Alain s'était moqué de moi.

Rentré chez moi, je l'appelai, maussade :

— Alors, Alain, qu'est-ce que tu as à me dire?

ALAIN : Je n'ai rien à dire. Je t'ai vu tout à l'heure aux cimetières, j'étais ennuyé que tu sois allé là-bas. Ma tombe n'y est pas, comme tu as pu voir.

MOI : Pourquoi m'as-tu donné un renseignement faux?

ALAIN : On peut bien s'amuser un peu... Mais je ne pensais pas que tu irais vraiment. C'est bête!

MOI : Tu comprendras que je ne sois pas du tout content de toi aujourd'hui!

ALAIN : Et moi, tu t'imagines que je suis content de toi? Tu sais bien que je n'aime pas les vérifications, je suis contre.

MOI : Maintenant que c'est commencé, avec l'affaire de l'Hôtel X***, autant aller jusqu'au bout.

ALAIN : C'est toi qui le dis. Moi, je n'y vois aucun avantage et tu peux me croire, ce n'est pas bon.

Moi : Pourquoi n'est-ce pas bon ?

Alain : Parce que la somme des choses qui ne se savent pas (?) est à conserver comme elle est pour le moment. Les hommes ne sont pas prêts, et il faut que tu sois prudent. Beaucoup ne te croiront tout de même pas, c'est trop tôt. Tu peux en parler à ceux qui sont prêts, ils existent et on les trouve comme des aiguilles dans une meule de foin. Alors referme cette enquête, elle ne peut pas servir et ne doit pas. Pas encore. Prends patience.

Moi : Et Fontainebleau, Melun, est-ce que c'est vrai, ça au moins?

Alain : Ça oui. Du moins pour Fontainebleau; pour Melun, je crois, mais je peux me tromper.

Moi : Encore une échappatoire!

Alain : Je n'y peux rien. Et puis, j'ai des ordres à respecter (?). Demande-moi les choses pour lesquelles je suis fait, pas les autres. Ta réussite à l'Hôtel X*** devrait pourtant te suffire, à toi !

Moi : A moi, oui; mais pas à ceux qui veulent aller au fond des choses.

Alain : A ceux-là, rien ne suffira, même pas ma tombe. Ils diront : télépathie, télépathie, et ce sera tout ce qu'ils y verront. Tu sais, ce proverbe (chinois) de la mule qu'on peut traîner à la rivière (mais qu'on ne peut pas obliger à boire...)

Moi : Une dernière fois, Alain, dis-moi où se trouve ta tombe!

Alain : Au cimetière de Pantin.

Moi : Sûr? Tu ne vas pas me dire, après, que c'est à Montparnasse ou à Bagneux?

Alain : Pourquoi pas? Quand tu auras fait tous les cimetières de la région, tu m'auras trouvé...

Moi : Sérieusement, est-ce Pantin?

Alain : Pantin, c'est mon dernier mot.

J'aurais dû, normalement, profiter de la première occasion pour faire un saut au cimetière de Pantin. Cependant, quelque chose me poussait, cette fois encore, à remettre cette démarche à « plus tard »; j'avais bien le temps, la tombe attendrait. En fait, je craignais une nouvelle déconvenue; de plus, les avertissements venus de l'Au-delà sur la nocivité des « vérifications » se multipliaient à tel point que je finissais par en être impressionné.

Ainsi, le 31 août, Antoine A... (le « facteur » d'instruments de musique) me dit : « Tout cela est vain. Tu serais tellement mieux avec une foi sans tache, naïve et candide. Tes amis sont dans une mauvaise voie en cherchant ce genre de preuves. Ne t'y laisse pas entraîner.

Moi : Mais c'est déjà commencé! Alors j'aimerais aller jusqu'au bout.

Antoine : Je te comprends. Mais tu risques de fausser un mécanisme bien réglé.

Moi : Quel genre de mécanisme?

Antoine : Celui de la Terre. Les hommes ne sont pas encore mûrs pour qu'on leur apprenne ces choses. Et comme tu as mis en branle un savant, cela risque de se savoir trop vite et trop tôt.

La question me semblait suffisamment grave pour mériter un surcroît d'éclaircissements. Je souhaitai donc interroger à nouveau mes gardiens, et mon vœu fut exaucé le soir même : ils m'affirmèrent que leur équipe était réunie au complet en cette occurrence un peu solennelle.

Leurs réponses collectives me parurent d'abord passablement embrouillées; ils durent s'y reprendre à plusieurs fois pour tenter de clarifier leurs idées. J'épargnerai donc au lecteur l'effort de parcourir ce texte obscur, dont je ne compris moi-même le sens qu'après l'avoir relu plusieurs fois.

La cause de leur embarras était la suivante : à ma question : « En quoi les vérifications faussent-elles le mécanisme, et quel mécanisme? », il y avait plusieurs réponses qui se référaient chacune à un aspect différent du problème. Voici ce qui, finalement, devenait clair :

a) Les hommes ne savent pas actuellement communiquer avec les « esprits », et ignorent leur destinée post mortem. Ils doivent, selon « le plan de Dieu », découvrir la vérité par étapes successives. Mais cette découverte doit rester provisoirement à l'échelon *individuel* et se répandre de façon progressive, d'un individu à l'autre, et non collectivement; d'ailleurs la tendance générale de l'homme à l'incrédulité est telle que seule l'expérience personnelle de chacun pourra réussir à convaincre l'ensemble de l'espèce. Les « on-dit » ne suffiront pas, car ceux qui refusent de croire ne se laisseront pas persuader, même en face de preuves.

b) A supposer pourtant que, grâce aux progrès des connaissances humaines, la « survie » devînt tout à coup un fait avéré, prouvé, officiellement reconnu par l'autorité scientifique, le choc psychologique serait terrible pour la plupart, même parmi ceux qui croient souhaiter l'existence d'un autre monde. Etant donné les implications que comporte la survie quant à la conduite des choses de la vie terrestre, il s'ensuivrait des troubles extrêmement graves, des révolutions, *et même des suicides en masse.* D'autre part, en ce qui concerne les possibilités de communications avec le monde des défunts, l'immense majorité des humains n'ayant reçu à ce sujet aucune instruction, des désordres d'une autre sorte en viendraient fatalement à se produire qui laisseraient les hommes « ou sourds, ou épouvantés » (*sic*).

« Dans le fond, vois-tu, dit le porte-parole de l'équipe, notre but ici n'est pas d'enrichir le savoir humain (à la façon dont l'entendent les hommes de science), mais bien d'élever peu à peu l'humanité jusqu'à un niveau où un contact *total* deviendra possible entre nos deux plans, un contact général, universel, et non plus réservé à quelques rares « médiums » ou à des êtres privilégiés. Nous voulons ici que la communication s'établisse finalement *pour tous*, par des voies qui seront alors devenues « normales ». Cela se fera, mais par de très prudentes étapes. »

Moi : Ce processus s'accomplira en combien de temps, selon les estimations de Là-Haut?

Réponse : Trente, peut-être quarante années, pas plus. Sûrement pas avant sans danger. Vos esprits sont encore trop faibles pour supporter cela, trop éloignés du Vrai aussi; il y aurait des déchets innombrables, des cas de folie, et « la Puissance des Cieux serait ébranlée ». Voilà pourquoi nous te recommandons d'être circonspect, voilà pourquoi nous te déconseillons, pour l'instant, de publier ton témoignage en le présentant comme le reflet d'une certitude définitivement acquise. Tu peux raconter ton histoire, mais en choisissant soigneusement ceux qui t'écoutent et après avoir testé leur réaction. Borne-toi à des allusions par-ci par-là. Ne cite pas des faits avec des noms. Plus tard, peut-être, nous reviendrons sur ce point.

« Sache cependant que tu n'es présentement qu'un cas parmi d'autres, car le phénomène commence à se répandre un peu partout sur la terre. Souviens-toi de ce verset que tu lisais tout à l'heure dans les *Actes des Apôtres*[1] : (vers la fin des temps). « vos fils et vos filles prophétiseront, et vos vieillards auront des songes ». C'est une image de ce qui commence à se produire sur une échelle grandissante. Il ne faut pas risquer de tout compromettre. As-tu bien compris maintenant?

MOI : Oui, merci; mais il y a là de quoi réfléchir.

Donc, selon ce que je venais d'apprendre, la certitude absolue de la survie, si elle venait à être prématurément établie, risquait d'entraîner des conséquences désastreuses. Il n'était pas difficile de prévoir, en effet, que pareille révélation n'irait pas sans provoquer quelques remous. Notre civilisation actuelle est, plus qu'aucune de ses devancières, entièrement organisée en vue de la Terre, rien que pour la Terre. Elle cherche uniquement, avec l'abondance et la richesse, l'accroissement de notre bien-être matériel en ce monde-ci (elle n'en connaît pas d'autre). La Terre est devenue le centre de toutes les préoccupations, non seulement pour les philosophes et les savants, mais même pour une partie des prêtres du Christ, en principe chargés de prêcher le Royaume des Cieux. Dans ces conditions, l'assurance

1. Actes des Apôtres, 2, 17.

brusquement fournie d'une vie continuée dans l'Au-delà amènerait fatalement de déchirantes révisions de valeurs; tout, absolument tout se trouverait remis en question, au milieu de la confusion générale. D'aucuns n'accueilleraient pas cette mutation d'un regard serein : trop d'intérêts particuliers en sortiraient bouleversés. D'où, avec des révolutions sanglantes, leur cortège de persécutions...

Tout cela était prévisible; ce qui l'était moins, à mes yeux, c'était l'annonce de « suicides en masse ». J'avais été très étonné en écrivant ces mots, car l'idée de suicides se multipliant en pareilles circonstances ne m'avait jamais effleuré l'esprit (si bien que je ne pus douter une seconde que ce membre de phrase, inattendu pour moi, provenait d'une autre pensée que la mienne).

Pourquoi des suicides? Il me semblait au contraire que, du jour où l'on saurait que la mort n'est pas un anéantissement, le suicide perdrait toute logique : ceux qui d'ordinaire attentent à leurs jours le font dans le but de cesser d'*être*, parce qu'ils souffrent trop, parce qu'ils sont révoltés contre la vie. Mais à quoi bon se tuer, dès lors que l'on ne meurt pas?

En y réfléchissant bien, je finis par comprendre que je me trompais. Il m'apparut bientôt assez clair que, parmi les désespérés, les frustrés, les aigris, beaucoup pourraient être tentés de passer immédiatement de l'autre côté, imaginant que le nouvel état auquel ils accéderaient ne pourrait en aucun cas leur paraître pire que leur état présent : ne dit-on pas souvent de l'Autre monde qu'il est un « monde meilleur »? De là à se tirer une balle dans la peau ou à se jeter par la fenêtre pour en finir une bonne fois avec les soucis, les difficultés ou les maladies, avec l'espoir de trouver des compensations dans l'Ailleurs, il n'y a qu'un pas. Ce qui constituerait le malentendu le plus abominable qui se puisse concevoir : nul n'a le droit de vie ou de mort sur sa propre personne, et le meurtre de soi-même, lorsqu'il n'est pas accompli dans un esprit de sacrifice, n'en est pas moins un meurtre dont il faudra répondre au jour du Jugement. Le suicidé emporte avec lui ses tourments, et il s'expose à en rencontrer d'autres, plus horribles encore.

Tout cela prenait ce soir-là un aspect assez effrayant. Il me fallut plusieurs jours pour en dissiper les angoissantes menaces — et pour retrouver le désir d'explorer le cimetière de Pantin...

3 septembre 1972

Coup de téléphone de Gilbert Perrin : « J'ai l'impression que votre ami Alain Tessier n'est qu'un farceur... Je reviens de Melun, de la morgue de Melun. Nous nous sommes mis à trois pour fouiller les archives, aucune trace du dénommé Alain Tessier. Il n'y a jamais mis les pieds, même « devant »... Le plus agaçant, c'est que l'archiviste de la morgue ne cessait de répéter : « Pourtant, voyons, voyons... Alain Tessier, un jeune, accidenté près de Fontainebleau, en motocyclette... ça me dit quelque chose... Mais peut-être que je l'ai lu dans *France-Soir*!... »

« Tu as eu tort, dis-je ce soir-là à Alain, de me donner de faux renseignements, parce que ça m'a fait perdre confiance en toi. Je n'aime pas les gens qui ne disent pas la vérité, et du coup je me méfierai de tout ce que tu pourras me dire. La foi, ça suppose la sincérité, non?

ALAIN : Eh oui, je comprends. Mais tu n'es pas tout à fait juste parce que, pour Melun, j'ai vraiment dit ce que je pensais. Orly, c'était n'importe quoi, je m'en suis excusé après. Tu ne comprends pas qu'ici (il arrive qu'on soit) un peu dans le vague. Pas exactement que nous ne soyons pas lucides, mais à certains moments on est comme qui dirait « dans les vap' ». Heureusement, ce n'est pas souvent, et en général nous sommes attentifs et sûrs.

MOI : Et à quoi reconnaîtrai-je que vous êtes dans les « vap' »?

ALAIN : Ah! à rien. Au fait que ça cafouille. C'est un risque. Mais tu ne cours pas ce risque avec les Grands Esprits, comme « Abra » par exemple.

MOI : Alain, est-ce que tu maintiens Pantin?

ALAIN : Je ne maintiens rien du tout, je ne veux pas que tu y ailles.

MOI : C'est pourtant nécessaire. Gilbert Perrin ne veut pas croire que tu es mort. Il prétend que la télépathie ne peut se transmettre que d'un vivant à un autre vivant. Il paraît qu'on connaît des cas...

(Effectivement, Perrin m'avait fait part d'une étrange histoire qui s'était déroulée en Angleterre : un homme croyait recevoir des « messages » émanant d'un camarade de guerre qui affirmait être tombé au champ d'honneur. Un jour, il demanda à ce camarade de lui donner l'adresse à laquelle il pourrait se rendre en pèlerinage pour connaître les lieux où il avait habité. L'ami invisible fournit cette adresse, et quelques jours plus tard notre homme s'y rendit et sonna à la porte. Celui qui lui ouvrit était le camarade de guerre en question, bien vivant, et tombant des nues : « Comment as-tu pu savoir que je demeurais ici? J'occupe cet appartement depuis hier! » Il n'avait aucune conscience d'avoir jamais lancé des appels télépathiques et personne ne put jamais trouver à cette affaire la moindre explication.)

Alain : Je ne crois pas à l'histoire que t'a racontée G. P., elle a dû être inventée par quelqu'un de mariole. Moi, vivant! Alors, ça! Ecoute, tu vas y aller, à ma tombe. Mais pas tout de suite. Laisse passer quelque temps, pour que les autres oublient. Après tu iras, je te dirai où. Mais tu n'en parleras pas à ceux que je ne veux pas voir dans le coup.

24 septembre 1972

Moi : Alain, que feras-tu quand je te redemanderai où se trouve ta tombe?

Alain : Je peux déjà te répondre. C'est à Pantin. Je le maintiens et tu trouveras facilement, je te guiderai. Si tu ne trouves pas, demande aux gardiens. Pourquoi n'y vas-tu pas tout de suite, au lieu de douter et de ressasser?

Moi : Mais parce que c'est vous tous qui me l'avez déconseillé!

Alain : Oui, mais si c'est pour que ça devienne une idée fixe, alors fais ta vérification et qu'on n'en parle plus. Ça devient lassant, à la fin (*sic*)!

Ce fut le 6 octobre seulement que je pris ma voiture pour gagner le cimetière parisien de Pantin. Je me heurtai d'abord au plus bel embouteillage que j'eusse jamais rencontré sur le boulevard périphérique. Il me fallut plus d'une heure d'énervement pour sortir des files de camions presque immobilisés. Je parvins enfin à destination, par un beau soleil d'automne.

Alain avait promis qu'il me guiderait, mais je ne percevais aucune influence surnaturelle... J'allai au hasard, espérant voir surgir sur quelque modeste pierre le nom d'Alain Tessier. Mais non, rien.

Je me rendis à la conservation. Une employée zélée voulut bien compulser pour moi les registres de 1968 à 1971; elle trouvait beaucoup de Tessier, mais aucun ne se prénommait Alain. D'ailleurs, il s'agissait de vieillards. Aucune trace d'un jeune homme accidentellement décédé à l'âge de vingt ans.

Je repartis avec l'impression pénible que finalement, en l'occurrence, le « pantin », c'était moi.

La soirée de ce 6 octobre fut dramatique. Je me vois une fois de plus contraint d'affirmer sur l'honneur que je ne l'ai pas imaginée.

Au début, j'appelai Alain et lui parlai sans colère : « Je suis allé à Pantin. Alain Tessier, inconnu. Pourquoi? »

Alain me répondit, — et il me sembla qu'il y avait dans sa voix (que je ne percevais qu'intuitivement) quelque chose d'inhabituel, de plaintif :

Alain : Tu sais, Julien, je ne sais pas quoi te dire parce que tu ne me croiras plus, maintenant; mais je t'assure que ma tombe est à Pantin. Si tu ne l'as pas trouvée, c'est qu'il y a quelque chose qui ne va pas.

Moi : C'est bien mon impression : quelque chose ne va pas. Quoi?

Alain : Ecoute, je ne sais pas, je ne sais plus. Je t'ai dit ce que je croyais être la vérité, je suis sûr que c'est la vérité. Je suis mort... (ici, phrases enchevêtrées).

Moi, après un instant : Alain, n'y a-t-il pas quelqu'un, là-haut, qui sait mieux que toi ce qui s'est passé?

Alain : Ah, ça, c'est bien possible. Mais qui? Je vais chercher. Je suis perplexe.

Moi : Avais-tu un autre nom que Tessier?

Alain : Non, c'était Tessier, pas Mautessier, Alain Tessier.

Moi : Et tu es *sûr* que c'est à Pantin?

Alain : Je l'étais; maintenant je ne sais plus.

Moi : Tu comprends, Alain, que je me demande si tu ne te moques pas de moi, ce qui ne serait pas gentil du tout.

(La voix d'Alain devint tout à coup très angoissée.)

Alain : Julien! Ils me font du mal. Ils m'obligent à te mentir!

(Je me sentis envahi d'un malaise.)

Moi : Qui ça, « ils »?

Alain (toujours sur le mode haletant) : Eux, les méchants. Pourtant je t'aime et je ne veux que ton bien.

Moi : Qu'est-ce que c'est encore que cette comédie?

Alain (voix désespérée) : Ah! tu ne me crois plus... C'est foutu maintenant.

MOI (franchement alerté) : Alain! Est-ce que je peux t'aider?

ALAIN : Oh oui, prie! prie! prie!

(Long silence. A tout hasard, je récite un Notre Père. Puis je reprends le fil perdu.)

MOI : Il faudrait que je parle tout de suite à un autre qu'Alain. Maurice, ou Antoine, ou quelqu'un d'autre.

(Nouveau silence. Puis, à nouveau, une voix :)

ALAIN : Ecoute, Julien, c'est Alain encore. (Il paraissait un peu apaisé.) Je suis seul ici, les autres (de l'équipe) sont en promenade.

MOI : Alors, reste calme et parle tranquillement. Je pense qu'il t'arrive quelque chose de pas ordinaire.

ALAIN : Oui. Je t'expliquerai. Pour le moment écoute et prie pour moi. Il y a des gens qui ne veulent pas que je t'aide et ils m'attaquent. Moi, je suis prêt à me défendre et à te défendre. Tu n'es plus sûr du tout de ce que je te dis, mais tant pis, je continue. *Il y a quelquefois des choses très pénibles tant qu'on n'est pas sorti de l'auberge.* (L'auberge, c'était sans doute sa façon de nommer le « purgatoire ».) Il y a des moments mauvais. J'avais cru que j'en étais sorti, mais ils m'ont relancé, les vaches. Ils me surveillent. (Dans un cri :) Appelle les Anges!

Je sentis un frisson me parcourir l'échine. Cette scène était si fantastique que je ne pouvais croire à une mise en scène inventée de toutes pièces. Je lâchai mon crayon et me mis à prier sérieusement pour l'âme d'Alain, en proie à ce qu'on eût pu appeler « des démons ». Qu'il fût sincère ou non, il avait besoin de prières dans les deux cas.

J'essayai ensuite d' « écouter » à nouveau, mais je ne perçus absolument rien que le silence.

Que faire? J'allongeai la main pour prendre la Bible et je passai quelques minutes à relire des psaumes. Le temps se mettait de la partie, il faisait lourd et orageux. Je me remis à la dictée et demandai si l'électricité de l'air était la cause de ces perturbations...

ALAIN : Non. Tu fais bien de reprendre, ça va mieux. J'ai eu chaud. Maintenant, ça va pouvoir aller. Je suis navré de t'avoir occasionné tout ça. C'est que je ne suis jamais assez précis, et j'ai cherché à tout oublier, je suis mieux ici quand je ne pense pas à la Terre.

MOI : Désolé aussi si je t'ai fait souffrir. On se rattrapera après, quand tout sera remis en ordre. Maintenant, repose-toi. Rejoins les Anges, s'ils sont venus t'aider, comme je le pense.

ALAIN : Tu ne crois pas si bien dire. Tu as bien fait de donner l'alerte. A une autre fois. A une autre fois!

8 octobre 1972, 22 heures

VOIX : Nous t'attendions. Nous sommes plusieurs prêts à répondre; nous voulons te dire que tout ce qui s'est passé ces jours derniers n'est pas bon, ni pour toi ni pour nous. Tu es en état de méfiance à cause de Pantin et le reste. Il y a de quoi.

MOI : Je ne vous le fais pas dire!

VOIX : Oui, nous le savons, mais écoute-nous. Alain a été très malheureux de cette histoire, d'autant plus qu'il est sincère et t'a induit en erreur, non par sa faute, mais par celle de *plus fort que lui.* Il n'a pas de souvenirs précis et tu lui en as trop demandé, voilà. Quant à te dire où il est vraiment enterré, cela devient difficile du fait qu'il ne sait plus. Il croyait que c'était à Pantin.

Moi : Il m'avait d'abord envoyé à Orly!

Voix : Il faut le comprendre. Ce n'est pas un saint, mais sa bonne volonté devrait être hors de tout soupçon pour toi, nous nous en portons garants. Il est très chaviré par cette affaire et craint que tu ne le croies plus même quand il dira la vérité. C'est très pénible pour lui aussi, crois-le.

Moi : Qui parle en ce moment?

Voix : Maurice, et d'autres. Nous ne t'avons jamais trompé, nous.

Moi : Je ne vous en ai pas beaucoup donné l'occasion!

Voix : Non, et ne nous la donne pas, nous ne voulons pas risquer ce genre de mésaventure. Crois-nous quand nous te parlons des choses du Ciel, laisse les « vérifications » à d'autres. Tu vois bien que les résultats sont néfastes à tout point de vue.

Moi : A qui la faute? Je vous le demande sans y mettre de méchanceté.

Voix : La faute est tienne dans la mesure où tu as passé outre à nos objurgations. Tu ignores les règles du jeu ici, et il faudrait pouvoir voir ce qui se passe ici pour comprendre. Nous ne sommes pas des automates, et nous avons des réactions difficiles à saisir pour vous.

Moi : Mais je pense que vous aimez la Vérité, qui est de Dieu!

VOIX : Oui, nous l'aimons, mais elle peut nous échapper parfois, comme à toi. Cela sans que nous puissions t'en avertir, puisque nous sommes (sur le moment) persuadés de dire vrai.

MOI : Tout est donc si flou dans la sphère où vous êtes?

VOIX : Non. Pas tout. Mais certaines choses, oui, à certains moments. A toi de faire la différence si tu peux; nous en sommes empêchés radicalement. Mais crois à notre bienveillance foncière, sinon nous ne serions pas ici, mais *plus bas.*

MOI : Et ceux qui sont plus haut?

VOIX : Ceux-là disent vrai toujours, mais ne s'intéressent pas aux petits détails, l'Essentiel seul compte. Si tu demandes à un Esprit élevé des détails sur sa vie passée à des fins de vérification, il ne te les donnera pas non plus. Ce n'est pas là leur rôle, ni leur centre d'intérêt. Nous, nous sommes encore près de la Terre, mais séparés par des brumes intermittentes, et, comme tu l'as clairement vu, *encore instables.* Tu l'as constaté et tu sais désormais à quoi t'en tenir. Profite de nous dans la mesure où nous pouvons te rendre service à coup sûr, et non pour les choses auxquelles tu as eu le tort de te cantonner, absolument « terre à terre », si tu veux. Sois gentil avec Alain.

MOI : Je n'ai pas l'intention de le peiner davantage. Dites-lui que je l'aime bien toujours, et que je suis très désolé de ce qui est arrivé.

VOIX : Il t'a entendu et te remercie, bien soulagé, car il t'aime bien aussi et ne tient pas à mériter ta colère, mais plutôt tes prières, qui peuvent l'aider autant que les siennes t'aident.

ALAIN : Alain te parle. Tu m'as fait beaucoup de

mal sans le vouloir et j'ai du mal à m'en remettre. Il faut que tu pries encore.

MOI : Qu'est-ce que tu as eu?

ALAIN : J'ai eu des choses qui se passent ici, que tu ne connais pas. Nous sommes encore des êtres fragiles. J'ai été très en colère et ça m'a mal réussi, tu as vu. J'ai vu des choses pénibles à voir, à cause de toi. Mais je sais que tu ne l'as pas fait exprès, alors il n'y a qu'à attendre que tout aille de nouveau bien.

MOI : Tes amis ne pouvaient pas t'aider?

ALAIN : Ils étaient partis ailleurs, j'étais resté pour toi.

MOI : Et si tu n'étais pas resté pour moi, ça veut dire qu'il n'y aurait eu personne pour répondre?

ALAIN : Si, des remplaçants. Il y en a toujours, mais peu au courant.

MOI : Et ces remplaçants ne pouvaient rien pour toi?

ALAIN : Ils ne comprenaient pas ce qui se passait, ce sont des jeunes, pas encore au fait des choses. « Jeunes » veut dire : « récents ». J'étais donc seul ou tout comme. Tu m'as obligé à « redescendre ». Ne le fais plus jamais, jamais! J'ai eu peur.

MOI : Mon pauvre Alain, je suis vraiment très désolé. Je voudrais pouvoir réparer ça.

ALAIN : Il n'y a que la prière pour que les Anges m'aident. Je suis comme un blessé, mais ça va vite guérir, grâce à vous tous ici, et toi. Je me sens déjà mieux depuis que tu me parles parce que ta sympathie me fait du bien. C'est comme ça, ici : la sympathie *agit*, elle est efficace. Tu peux maintenant aller dormir.

Ce soir-là, avant de suivre le conseil d'Alain, je reçus encore un « message ». C'était François P., l'ami que j'avais bien connu et que j'avais perdu récemment (j'ai déjà parlé de lui plus haut). Il devait à son tour prendre la défense d'Alain Tessier.

FRANÇOIS : C'est un faible, mais un bon type. Vous êtes tombé sur un ami réel qui ne vous laissera pas tomber, car il vous apprécie. Ne cherchez plus à savoir de lui ce qu'il ne peut pas dire. Si vous tenez à continuer vos recherches, laissez-le en dehors de vos efforts. N'essayez pas trop d'obtenir ces renseignements, ce n'est pas la peine.

MOI : Mais je finis par me demander si je ne suis pas la proie d'illusions organisées !

FRANÇOIS : Non, Julien, vous le savez bien; et de toute façon il ne faut pas douter. Vous n'en tirerez que des déboires. La foi porte *en avant et en haut*. Soyez simple. Vos amis les chercheurs ont sur vous une influence néfaste. Ils ne savent pas pourquoi ils ont tort de faire ce qu'ils font, et cela n'est pas possible à expliquer. Moi aussi, je me trouve dans cette impossibilité *à cause de dispositions d'ordre général* auxquelles nous nous soumettons de plein gré, parce que *nous savons ce que vous n'avez pas à savoir*. Embrassez G. pour moi. Bonne nuit.

5

La suite de cette expérience, qui eut pour conséquence de profonds changements dans mon évolution spirituelle, revêt des aspects trop personnels pour retenir l'attention de lecteurs éventuels pour lesquels je suis (et veux rester) un inconnu.

Je crois pourtant nécessaire, avant de clore ce récit — centré jusqu'ici sur la vérification de l'identité d'Alain, avec sa part de réussite et sa part d'échec — de reproduire quelques fragments de messages que j'ai volontairement omis afin de ne pas risquer de tout embrouiller. Certains de ces fragments peuvent présenter un intérêt d'ordre général dans la mesure où ils répondent à des questions que le lecteur se pose peut-être, sur les conditions de la vie dans l'Au-delà ou sur les circonstances favorables à des « dialogues » de cette espèce.

On trouvera encore, çà et là, des passages obscurs ou témoignant d'un certain désordre de pensée. Selon l'expression d'Alain, il n'y a pas de Larousse dans le Ciel... Notre langage ne comporte pas toujours les expressions requises pour rendre compréhensibles des concepts qui ne sont pas d'ici.

Par contre d'autres communications se distinguent par leur élévation, leur spiritualité, notamment lorsque mes interlocuteurs habituels cèdent la place au mystérieux personnage nommé « Abra ». C'est alors que, ne pouvant reconnaître mes propres pensées dans de pareilles homélies, je suis bien obligé d'admettre que ces textes m'ont été entièrement dictés.

(Extraits de messages divers.)

22 juin 1972

MOI : Quelles sont les conditions requises pou. un dialogue entre vous et nous?

RÉPONSE de l'Equipe d'Alain : L'ouverture. Elle doit venir de vous. Affaire de cœur, d'esprit et de dispositions.

MOI : Et au plan physique? Scientifiquement?

ALAIN : Pas notre rayon. Il y a des savants ici, on peut leur demander, mais tu n'auras la réponse qu'après. Tu risques de ne pas comprendre, tu es aussi ignorant que nous sur ce point.

MOI : C'est tout de même étrange que vous ne le sachiez pas!

EUX : Oh! tu sais, *plus on en sait moins on en sait* (*sic*).

25 juin 1972

ALAIN : Tu as plus d'intuition que tu ne crois, et nous te parlons souvent directement sans stratagème; alors tu crois que c'est toi qui penses, et c'est vrai en un sens, mais nous sommes dans le coup.

MOI : Comment distinguer alors ce qui vient de moi ou de vous?

ALAIN : C'est presque impossible, tu dois comprendre les raisons facilement. C'est pour ça que c'est une affaire de foi et pas de raisonnements illusoires.

MOI : Je suis donc souvent branché sur vous à mon insu?

ALAIN : Souvent. Pas toujours. Tâche de distinguer, si tu y arrives. Pas commode. Ne sois pas trop exigeant, c'est déjà beau que nous puissions nous affirmer comme ça. D'habitude, c'est secret et les gens ne se doutent de rien.

MOI : En ce moment même, je ne peux pas bien distinguer ce qui est de vous ou ce qui est de moi.

ALAIN : Parce que nous t'avons déjà parlé ce matin (à ton insu), tu crois que c'est de toi alors que les idées venaient de nous. Un autre aurait été incapable de trouver ces explications parce que trop orgueilleux pour se mettre à la place des pauvres que nous sommes avec nos intentions louables, mais sans instruments.

(J'interprète : sans instruments autre que *ton* cerveau?)

MOI : Je crois à votre aide, mais je vois bien que vous êtes limités.

ALAIN : Nous te l'avons toujours dit. Mais nous sommes moins limités que toi, tout en l'étant pour d'autres causes.

22 juillet 1972

MOI : Ce qui se passe entre vous et moi est plutôt exceptionnel; comment expliquer que cela se soit produit? Y a-t-il un but précis, un plan général, ou une faveur particulière?

EUX : Réponse difficile. Tu as été choisi, mais pas toi seul. Il y en a d'autres en ce moment, ça correspond à une manœuvre d'envergure, signe des temps. On t'expliquera ça un soir.

(Promesse tenue : voir précédemment, page 149, message du 31 août.)

23 juillet 1972

MOI : ... Mais pourquoi *moi*???

RÉPONSE : Parce que tu as les dispositions requises. Tu verras ensuite des choses plus extraordinaires encore. Mais sois prudent pour l'instant, n'en parle pas trop (autour de toi), un temps viendra où tu sauras l'essentiel de ce qu'il faut dire aux autres.

19 août 1972

MOI : J'ai cru remarquer que, en certaines occasions, vous attendez que j'aie inscrit ma question avant d'y répondre, comme s'il fallait qu'elle soit écrite pour que vous la connaissiez; en d'autres circonstances, votre réponse me vient avant que j'aie terminé.

ALAIN : Bonne question. Ça dépend. Quand c'est écrit, ça (nous) paraît plus vivant et plus net. Tu penses d'abord, ça, on le voit en plus ou moins brillant; mais (une fois) écrit, ça se cristallise et ça reste. C'est comme (dans la doctrine catholique) pour le signe de croix et tout ça.

MOI : Le « signe sensible »?

ALAIN : Oui. Un « signe sensible », c'est plus puissant qu'une pensée sans signe, et ça tire plus à conséquence.

Moi : Autre chose. Les gens avec lesquels je me trouve éventuellement, les voyez-vous directement ou bien à travers la vision que j'ai d'eux?

Alain : Ben, ça aussi, ça dépend. Quand c'est des gens avec lesquels on a des affinités, on les a directement et on les voit bien; mais les autres, il n'y a pas de contact (direct) et alors on est obligé de passer par toi.

Moi : Quels sont les gens avec qui vous avez des affinités?

Alain : Les « sensibles » de tous ordres, parce qu'ils sentent mieux les détails. Les « durs », on ne les a pas en direct, ce n'est pas le genre (de notre équipe), il y en a d'autres chargés d'eux; ça fait des étincelles (?) et c'est autre chose.

En ce même 19 août, je tentai une contre-expérience. Je voulus voir si, en me plaçant devant une page blanche et en prenant pour point de départ quelques mots tombés au hasard, l'enchaînement des idées ne me conduirait pas à écrire un texte cohérent, ou tout au moins obéissant à une certaine logique interne. S'il en avait été ainsi, j'en aurais conclu que mon subconscient à lui seul était capable de tout inventer par une suite d'associations de pensées. Cette épreuve donna le résultat suivant, débouchant sur une finale parfaitement inattendue :

« Alphonse sortit et s'en alla d'un pas avide vers des horizons éteints. Il avait les yeux brouillés par les larmes et ses gestes témoignaient d'une appréhension rendue visible. Il avait compris que la vie n'est pas ce qu'il croyait et avec l'espérance le soir tombait. Il faut bien que jeunesse se passe *alors tu vois c'est ridicule ce que tu écris quand nous ne dictons pas!* »

La phrase soulignée s'était imprimée dans mon esprit sans préavis aucun, exactement dans la foulée... J'étais si loin de m'y attendre que je me pris à rire. Mes amis avaient trouvé le moyen de me montrer la différence qu'il pouvait y avoir entre un texte surréaliste, automatiquement issu de pensées subconscientes, et les phrases qui m'étaient dictées par eux. Ce que j'avais écrit était, en effet, « ridicule », et ne ressemblait pas aux dialogues que j'entretenais avec « eux ».

26 août 1972

Moi : (Question posée de la part d'un ami, J. L..., chez qui la qualité d'ingénieur issu de l'Ecole Polytechnique n'exclut pas un intérêt très vif pour le paranormal :) Y a-t-il un moyen de développer le don nécessaire à ce genre d'écriture?

Réponse d'un Esprit se nommant Roland de R... : Y a-t-il des choses impossibles à celui qui demande? Avec persévérance, essayer crayon en main jusqu'à ce que s'ouvre la conscience aux voix du dedans. Il n'y a pas d'exemple que les efforts sérieux n'aboutissent pas un jour ou l'autre à obtenir la communication.

(Cette réponse ne correspond malheureusement pas à la réalité. Nous connaissons des cas de tentatives répétées et demeurées infructueuses. Le phénomène n'est décidément pas « reproductible à volonté », si ce n'est sous certaines conditions qu'il reste à découvrir.)

(Suite du message.) Le signal de l'arrivée (des voix du dedans) est quelquefois méconnu du sujet, du fait de sa pudeur, car il ne peut pas croire qu'il soit parvenu à ses fins. Il refuse alors d'écrire ce qu'il entend avant d'en avoir compris le sens. Mais il faut avoir de la patience et une grande humilité : les orgueilleux ne peuvent évidemment laisser la place à d'autres dans leur propre conscience, cela demande une grande soumission d'esprit...

30 août 1972

Moi : Alain, as-tu aussi ton mot à dire pour répondre à la question de J. L... : comment peut-on acquérir le don de l' « écriture »...?

Alain : Ecoute, on t'a déjà répondu avec pertinence, je n'ai rien à ajouter. C'est une disposition intérieure, on n'a pas à faire de la culture physique ni prendre des pilules! Si J. L... n'y arrive pas, c'est que sa formation stricte (scientifique) le retarde. Son but est avant tout de chercher à *savoir*; cela devrait rester secondaire, voilà tout.

31 août 1er septembre 1972

(Communication d'Antoine A..., le « facteur d'instruments de musique », celui dont les descendants habitent le XVIe arrondissement de Paris.)

Moi : Parlez-moi encore de votre vie terrestre.

Antoine : Quels détails te dire? C'est bien vieux. Je suis ici depuis longtemps. Depuis, je suis lentement monté où je suis et heureux d'y être parvenu. Beaucoup de choses à me faire pardonner, comme tant d'autres. Il ne faut pas être pressé ici, les choses arrivent à leur tour.

Moi : Quelles sont tes occupations actuelles?

Antoine : Je vaque à des besognes semblables à celles de ceux qui t'ont déjà parlé. Je cherche les âmes qui en valent la peine et je les signale à qui de droit. On s'en occupe alors à plusieurs, c'est de l'entraide sympathique. Je suis à tous égards moins malheureux depuis que j'ai vu le Christ au sommet de la côte. Tu peux croire ces mots. Le Christ est à la tête du mouvement et nous le servons[1].

Moi : Le servais-tu sur terre?

Antoine : Bien négligemment. La messe, parfois; pas toujours. Je ne faisais pas de mal aux autres, théoriquement, mais il est souvent difficile de savoir ce qu'on fait quand on n'y prête pas l'attention voulue et qu'on ne le fait pas pour Dieu. Toi, que fais-tu pour Dieu? Penses-y.

... Ma tombe est au cimetière parisien de Bagneux. Oui, tu as bien compris. Mais *n'y va pas.* J'ai été le premier à essayer de te parler parce que j'étais dans les parages, et c'est moi qui ai appelé les autres au vu de ton crayon. Notre métier est de rechercher les gens (réceptifs) comme toi. On n'en trouve pas dix dans un arrondissement comme le XVIe (!!!). Ailleurs, davantage.

Moi : En quoi consiste ton bonheur actuel?

Antoine : Je te l'ai dit : harmoniser. Et puis il y a ici des bonheurs impossibles à décrire pour les gens de la terre.

---

1. Cf. Saint-Paul, première épître aux Corinthiens, 12,3 : « Nul ne peut dire « Jésus est Seigneur » que sous l'action de l'Esprit Saint. »

Moi : Et te reste-t-il encore des périodes désagréables?

Antoine : Oui et non. Il y a (encore) des difficultés à surmonter parfois, mais cela devient de plus en plus facile. J'ai eu de mauvais moments au début, ça, je le reconnais volontiers. Mais c'est fini depuis longtemps maintenant. Simplement, la montée est lente, on aimerait arriver plus vite, dès l'instant où l'on sait où l'on va.

23 août 1972

(D'un homme ayant succombé un an auparavant à une crise cardiaque.)

Moi : Pouvez-vous me raconter comment les choses se sont passées pour vous au moment de votre décès?

Lui : Très longue histoire. En résumé, j'ai été très surpris au début, ne m'attendant pas du tout à ce qui m'arrivait. J'ai marché au hasard, je cherchais ma femme, mes enfants, tout le monde; plus personne. Puis j'ai rencontré des gens comme moi, qui m'ont expliqué. Il m'a fallu un certain temps pour récupérer, j'étais désorienté et, naturellement, fou de douleur d'avoir quitté les miens aussi brusquement. C'est pénible, vous savez! Heureusement, il y a des compensations ici, et les choses sont bien agencées pour alléger les peines même très fortes; alors le réconfort est venu. J'étais seulement inquiet pour les miens. Depuis, ça va de mieux en mieux. Il y a des moments extraordinaires, mais *vraiment* extraordinaires, je ne peux pas vous décrire ça. Ici, on travaille, mais c'est un travail qui s'apparente aux choses du cœur, alors on y met tout le paquet avec joie, vous comprenez...

30 septembre 1972

(Du même.)

... Croyez bien que rien n'est facile, ici non plus, et nos pouvoirs sont limités, et même — vous le savez bien — combattus par l'Ennemi. Si nous pouvions réaliser tout ce que nous voulons, tout irait merveilleusement bien et tout serait rose partout. Mais il faut que vous compreniez que c'est une *lutte* — soulignez ce mot — et que vous ne devez pas seulement vous laisser porter...

... Dans l'ensemble tout va bien ici, c'est sans histoire pour l'instant. Routine habituelle, avec les agréments habituels et les efforts habituels, selon la volonté de Ceux qui commandent ici avec amour, et qui veulent le bien de tous y compris celui des méchants — et il y en a!... Vous verrez cela quand vous serez ici. Vous aurez des surprises. Ce n'est pas tout à fait comme vous le pensez. Mais tout le monde est heureux d'y être et de travailler ensemble.

Moi : Vous avez beaucoup d'amis?

Lui : Des masses, des cohortes entières à perte de vue. L'univers où je suis en est rempli, c'est même ce qui en fait l'agrément principal. Mais il y a d'autres agréments dont je ne vous dirai rien, c'est inutile, vous verrez un jour et vous apprécierez... N'ayez crainte : Dieu est BON. Les majuscules sont de moi, pas de vous. Voilà, je vous en ai assez dit, je retourne à mes occupations.

4 septembre 1972

Voix : Tu ne t'es pas préparé par une prière. Fais-le avant de continuer.

MOI (après avoir docilement obtempéré) : Prêt.

VOIX : Regarde comme tu as du mal à prier convenablement. Tu ne te concentres pas. Il faut t'exercer à concentrer ton esprit sur ce que tu fais. Lamentable désordre de tes cellules grises! Comment ne t'inquiètes-tu pas de les remanier afin que ce qui doit passer passe : le *Souffle.*

(« *Le Souffle* » : c'était la deuxième fois que ce terme revenait dans une communication importante, remplaçant le mot « inspiration », ou « esprit ». Mais « souffle » est une traduction littérale du latin « spiritus ».)

VOIX : Enfin, tu as de la bonne volonté, c'est déjà quelque chose. Mais on ne peut pas toujours se contenter de cela. Advienne le jour où tu seras parti pour d'autres contrées et du coup tu te repentiras indéfiniment de n'avoir pas fait le nécessaire au moment où tu le pouvais.

« Prie mieux, et pour cela fais-toi une discipline. Cherche à établir les moments où tu le peux. Et n'espère pas atteindre la perfection tout de suite, tu te découragerais. Mais fais des progrès, même lents; il le faut. Tu ne l'obtiendras que par une astreinte journalière, ou aussi journalière que possible s'il y a de vrais obstacles, je veux dire : ceux que tu ne commandes pas.

MOI : Qui parle ce soir?

VOIX : Abra, ou du moins celui que tu nommes tel. Je suis revenu parce que tu en avais besoin. Tu t'éparpilles. Il faudrait que tu cherches l'unité de ta pensée. Recommence autant que tu peux. Finalement, il serait bien étrange que tu n'arrives pas à mieux faire.

(La transmission était ce soir-là d'une netteté particulière; les mots me parvenaient clairement détachés et comme articulés avec soin.)

Voix : C'est que je me suis rapproché. Tu en avais besoin. Promets-moi de faire ton possible; cette demande est sérieuse. Ce sera tout pour ce soir. Au revoir.

(Je me retrouvai dans le silence. J'appelai mes gardiens et leur demandai :)

Moi : Qui est « Abra »?

Eux : Abra est un personnage qui te suit de très haut, si haut que nous ne le voyons pas (normalement), sauf quand il descend. Il a un nom que tu ne peux pas comprendre. Tu peux donc continuer à l'appeler « Abra ». Relis (son message). Prie, comme nous te l'avons déjà dit cent fois. Profite des occasions. Demande à Dieu de venir en toi.

Moi : Comme *vous* venez en moi?

Alain : Peut-être bien Ce n'est pas la même chose, évidemment, mais *le procédé est semblable.* Tu n'as qu'à te rendre disponible (comme tu le fais pour nous), mais en pensant à Dieu au lieu de nous.

Moi : Ou aux Saints?

Alain : Pourquoi pas Dieu?

Moi : Parce qu'Il est trop grand pour moi. Je ne Le conçois pas.

Alain : Pas besoin de Le concevoir comme tu ferais pour nous, ou pour des Anges. Dieu se met à la portée de celui qui le prie.

Moi, encore réticent : Ou bien il envoie des émissaires qui Le représentent?

Alain : Tu te débines encore! Non : je te dis Dieu, c'est Dieu. Il fait ça lui-même, car Il le peut, même si tu ne comprends pas.

Moi : J'ai essayé; je n'ai jamais réussi à ressentir Sa présence.

Alain : Parce que tu as mal essayé, et pas assez souvent. Ça vient peu à peu. Il faut que tu t'exerces. Parfois, lorsque tu es seul, au lieu de nous parler à nous, qui sommes tout près, écoute-Le et ouvre-toi à Lui.

1er Novembre 1972, en la fête de tous les Saints

(Ce soir-là, je m'étais assis devant mon bureau sans idée préconçue, et j'avais écrit à tout hasard : « A qui veut bien me parler ». La réponse me vint à la façon d'un torrent, d'une véritable avalanche; j'avais à peine le temps de former mes lettres.)

Voix : Nous voilà tous ensemble en cette occasion, pour fêter les Saints. Nous sommes tous autour de toi et t'entourons de notre affection presque sensible pour toi. Tu es encore à même de faire ce qu'il faut et nous comptons sur toi. Il faut que tu prennes au sérieux l'idée de lutter pour les autres et pour Dieu car les jours approchent où il faudra lutter et non plus seulement voir venir. Il faut que tu te prépares par des privations afin que celles qui te seront imposées soient moins pesantes, pour les tiens et pour toi. *Quelque chose doit se produire d'ici peu* et le monde sera livré aux luttes et aux rapines. Les chrétiens devront se tenir au premier rang et ne pourront se dissimuler derrière leurs semblables pour se protéger. Il faudra dire *oui* ou *non*. C'est le sort de ceux qui t'entourent, et beaucoup diront non, mais toi tu diras oui. *C'est alors qu'on verra les*

Saints venir à toute volée vers le monde afin de recueillir les âmes des fidèles et les aider[1]. Il faudra que tu sois courageux et noble. Ne t'inquiète pas trop à l'avance, nous serons avec toi et nous t'aiderons dans la mesure des possibilités du moment.

(Ce flot de paroles s'arrêta enfin. J'étais suffoqué.)

Moi : Mais, chers amis, de quoi me parlez-vous au juste? De la fin des temps, de la Parousie, de la catastrophe finale, ou bien d'une catastrophe particulière, d'une guerre prochaine, d'une révolution sanglante — ou quoi?

Voix : Nous te parlons de ce qui doit arriver certainement, mais nous n'avons pas l'intention de te dire plus que ce qui est pour nous l'essentiel. Ni le comment, ni le pourquoi, qui sont des questions secondaires dont le détail n'est pas fondamentalement connu de nous, car nous n'y voyons pas d'intérêt primordial. Les événements nous frappent par leur nature, non par leur contexte circonstanciel (*sic*).

Moi : Et, comme de coutume, vous ne savez pas non plus les dates exactes?

Voix : Non les dates terrestres; mais l'impression de « bientôt ».

Moi : Ce « bientôt » est très vague, car pour vous la durée n'est pas la même que sur la Terre. Cela peut signifier « demain », ou « dans dix ans », ou davantage.

Voix : Oui, tu dis juste. Mais ce que nous t'en disons n'en reste pas moins valable sur l'importance de te préparer. Tu ne voyais pas naguère en quoi tu

1. Cf. Épître de saint Paul aux Thessaloniciens, 4, 16-17.

pouvais te préparer mieux que tu ne le faisais alors, c'est-à-dire en maintenant le *statu quo.* A présent, tu as un programme plus ouvert et tu trouves des directives, c'est un progrès certain. Profites-en. Tu auras le temps de progresser encore avant le terme des choses pour toi. Chaque pas de plus compte. Et ne fais jamais de pas en arrière, tu y perdrais plus que tu ne crois. Veille.

MOI : Du moment que j'ai encore le temps de « progresser », cela recule la redoutable échéance!

VOIX : C'est selon. Relatif.

MOI (*après un temps*) : — Merci pour tout ce qui précède; mais en ce jour de Toussaint, j'aurais aimé recevoir un message plus réconfortant!

VOIX : Il y a de quoi exulter, car les Saints s'apprêtent à descendre et ce sera une chose magnifique à voir. Tout n'arrivera pas en même temps, bien que ce soit l'accomplissement d'une même prophétie. La descente visible des Saints arrivera en fin de course. Nous ne te dirons rien de plus pour ne pas te donner l'occasion de t'effrayer. Nous nous en tiendrons là.

(Un moment de silence.)

MOI : Bon. Alors parlons d'autre chose. Du présent, par exemple, ou des mois immédiatement à venir.

VOIX : Soit. Il faut que tu profites de la moindre occasion pour *devenir celui que tu es appelé à être.* Exerce-toi à la Foi. *Tu n'auras plus qu'elle un jour dans l'Autre vie : cultive-la!*

MOI : Ai-je tort de penser que c'est « Abra » qui parle aujourd'hui?

VOIX : Non, tu m'as reconnu. Je suis celui que tu

nommes Abra, mais ce n'est pas mon nom. Le vrai, c'est Abraham.

Moi : Abraham! J'aurais peine à croire que tu sois l'Abraham de la Bible!

Voix : Rien d'étonnant à ce que tu ne puisses le croire. Mais ne cherche pas davantage, inutile.

Moi : Je ne cherche pas. Il peut y avoir d'autres Abraham.

Voix : Tu n'es pas sincère. Une partie de toi-même serait heureuse que je sois vraiment le patriarche de la Bible. Eh bien, non : je ne le suis pas. Mais je suis quelqu'un de très haut, non révélé.

(Il y eut une nouvelle pause, pendant laquelle je m'efforçai de trouver de nouveaux sujets de conversation; l'occasion était trop belle, il fallait la mettre à profit. Je finis par interroger :)

Moi : Puisque vous avez la bonté de me parler, Abra, dites-moi ce que vous pensez, *vous,* des tentatives de contrôle qui pourraient établir de façon presque certaine l'origine de certaines communications?

Voix : Eh bien, je vais te le dire. Il ne faut pas faire de contrôles inutiles. Si d'aventure une perche t'est tendue, tu peux la saisir à condition d'être très prudent et de ne pas publier[1] l'aspect probant auprès de ceux qui en seraient traumatisés, ou qui pourraient en faire un mauvais usage.

Moi : En fait, si je parle de « contrôles », c'est surtout pour convaincre les autres. Le monde en général a besoin de « preuves », et c'est pourquoi

1. Recommandation ultérieurement rapportée.

j'en cherche. Ne serait-ce pas une forme d'apostolat que d'en apporter?

VOIX : Non, pas comme tu l'entends. L'apostolat (chrétien) consiste à semer la Parole, *non à l'imposer de force*. Tu le sais bien, pourtant! Alors, ne te sers pas de ces « preuves » pour convertir autrui. Ce serait une fausse manœuvre et la conversion serait manquée.

MOI : Mais ne vaudrait-il pas mieux que le monde croie (à la Vie Eternelle), devant des indices forts, plutôt que de rester incroyant ou indifférent?

VOIX : Il y a là évidemment un dilemme. Mais *ne forçons pas les Portes du Ciel!* Avec des preuves, tu les forcerais.

MOI : Il ne s'agit pas encore des « portes du Ciel », mais seulement de la « survie » après la mort.

VOIX : Tu discutes encore. Je comprends. Eclaire les humains dans la mesure où tu le peux et où c'est permis. Tu n'as qu'à décrire le phénomène sans parler de « preuves » abusivement obtenues. De toute façon, ceux qui ne veulent pas croire rejettent même les preuves. Tandis que si tu leur donnes à rêver, le résultat est plus profond parce qu'il a le temps de prendre racine. Mais il est nécessaire que la survie demeure douteuse pour beaucoup, avec tout ce que cela comporte de confiance en la parole de Jésus, si mal connue. Qu'ils aient *d'abord* foi en Jésus, ils « toucheront » (comme saint Thomas) après, si Dieu veut. Si j'avais le temps, je te donnerais une parabole.

MOI : Tu as tout ton temps...

Voix : Eh bien, alors, écoute.

(Je me souviendrai toujours de l'anxiété qui me saisit à ce moment précis. Abra venait de me proposer une « parabole », et je n'avais, moi, aucune idée de ce que pourrait être la parabole en question, touchant le sujet en cours. Je me mis à craindre que, sortie des profondeurs de mon cerveau, la parabole promise n'offrît un aspect décousu, voire absurde : c'était ce qui aurait normalement dû se produire si j'avais été *seul* en face de moi-même. Néanmoins, il n'y avait pas à hésiter et je plongeai dans l'inconnu avec un frisson d'angoisse. J'écrivais, mot après mot, « ce qui venait »... Et ce qui « vint » constituait un pastiche du style évangélique dont le fond et la forme se tenaient fort bien :)

Voix : Un Maître de maison avait de nombreux serviteurs; mais il fut absent de sa maison si longtemps que les serviteurs commencèrent à douter de son existence. Il arriva un jour qu'un Messager vint leur apporter un message, mais ils doutèrent que le message leur vînt de leur Maître. Comment le Messager pouvait-il prouver que le message venait effectivement de Lui? Alors ils le renvoyèrent en lui demandant un gage. Le Messager (s'en alla et) revint avec un bracelet appartenant au Maître, et il dit : « Voyez, j'apporte ceci en gage que c'est bien votre Maître qui m'envoie. » Les serviteurs prirent le bracelet et ne le rendirent pas au Messager; et ils dirent : « Oui, c'est bien le bracelet de notre Maître; serait-il mort, que tu aies trouvé cela sur son cadavre? » Il leur dit : « Non, il est vivant. » — « Prouve-le! » dirent les serviteurs. Et comme il ne pouvait pas le prouver, ils le tuèrent, en le traitant d'assassin. Jusqu'à ce que le Maître revînt et châtiât les serviteurs qui n'avaient pas cru, même en présence d'une preuve.

(Honnêtement, je n'en croyais pas mes yeux. La fable s'inspirait, certes, de plusieurs récits épars dans l'Evangile, mais elle comportait des détails originaux directement liés au problème du moment. Certaines phrases — j'allais dire : certains versets... — proposaient même à la réflexion des prolongements symboliques. J'y trouvais une allusion à l'actuelle « mort de Dieu », contre laquelle s'élèvent les voix minoritaires de ceux qui l'affirment toujours (et plus que jamais) Vivant. La fin recoupait le passage de saint Luc, 16, 31, qui traitait précisément de la même question, celle de l'incrédulité devant la survie : « Du moment qu'ils n'écoutent ni Moïse ni les Prophètes, même si quelqu'un ressuscite d'entre les morts, ils ne seront pas convaincus. »)

Voix d'Abra, continuant : Voilà la parabole, et c'est ce qui risque de t'arriver si tu ne te méfies pas. Ils te prendront ta preuve et ne te la rendront pas; et tu seras mal récompensé de tes bonnes intentions.

Moi : Merci, Abra, cette parabole est merveilleuse, et elle est pour moi comme une « preuve »! Car je n'aurais pu l'inventer moi-même en si peu de temps. Je te remercie donc infiniment. Cela ne sera pas oublié!

Abra : Je l'ai voulu ainsi, pour que tu croies.

26 octobre 1972

Moi : Il y a longtemps que je suis sans nouvelles de toi, Alain. Que deviens-tu?

Alain : Je fais des signes aux gens que j'aime et qui voient (?). Ecoute : j'ai un ami vivant qui ne sait pas que je travaille pour lui, mais qu'est-ce que je me donne du mal (*sic*) ! Il le mérite et j'espère arriver à lui faire beaucoup de bien.

Moi : Quelqu'un, comment?

Alain : Un prêtre de ton diocèse. Il est malheureux et ne sait pas à quel saint se vouer.

Moi : Un jeune?

Alain : Encore jeune, oui. Il est bien. Je l'aide.

Moi : Pourrais-je faire quelque chose pour lui?

Alain : Je ne vois pas comment. Il est à l'autre bout de Paris. Qu'est-ce que tu peux faire?

Moi : Prier?

Alain : Oh! mais tu as déjà tant de mal à prier pour ceux que tu connais, alors tu imagines!... Heureusement que je ne compte pas sur toi!

12 novembre 1972

Alain : ... Je t'ai parlé d'un prêtre, tu te rappelles? Eh bien, je communique avec lui, mais pas comme avec toi. Il n'est pas aussi avancé que toi, mais j'arrive à lui dire des choses et *il sait* que ça ne vient pas de lui.

Moi : Il pense peut-être que c'est l'Esprit Saint!...

Alain : Il n'en est pas sûr, il se pose des questions. Mais ma voix (façon de s'exprimer?) n'est pas celle de l'Esprit Saint, comme bien tu penses; alors il ne sait pas très bien. Mais il écoute, et je lui fais du bien. Il habite Charonne et officie dans une église par là-bas. Son supérieur ne le suit pas très bien, ce qui le rend malheureux. Il est pâle, parce qu'il dort mal.

Moi : Et tu essayes de l'aider à dormir?

Alain : J'y arrive souvent sans qu'il le sache. Mais tu n'as pas besoin de savoir ça, qu'est-ce que ça peut te faire?...

12 novembre 1972 (suite)

Alain : ... J'essaye de m'accrocher vers le haut et c'est quelquefois dur; mais j'ai beaucoup de courage, grâce à Dieu.

Moi : Je souhaite que tout ce que tu fais pour moi te soit compté là-haut et que tu en aies ta récompense!

Alain : Ça, c'est certain, mais c'est encore à venir. Parce que tu n'es pas le seul, et j'ai d'autres travaux en route qu'il faut que je termine avant de monter.

Moi : Si je prie pour toi, est-ce que cela t'aide?

Alain : Certainement. Tu l'as déjà fait, et cela me donne des joies. Mais il faut plus que cela pour me faire monter de façon définitive.

Moi : J'aimerais t'aider de toutes mes forces. Je prie pour toi, Alain, tu le mérites et je voudrais que Dieu te le fasse sentir.

Alain : Oui, tu m'aides en disant cela, c'est immédiat et merveilleux. Continue.

(Comment décrire ce qui se produisit à ce moment-là? J'éprouvai brusquement la sensation de la présence physique d'Alain; non pas une présence extérieure à moi-même, mais intérieure. Il n'y a pas de mots pour exprimer ce phénomène. Une sorte de flot prenant fugitivement possession de tout mon être. Cela dura une dizaine de secondes, pendant lesquelles je dus cesser d'écrire. A la fois heureux et vaguement inquiet, j'interrogeai dès que je le pus :)

Moi : Alain, qu'est-ce que je viens de ressentir exactement?

Alain : Je suis venu me mêler à toi. C'est cela, l'Amour de Dieu, que tu as senti. Continue à prier pour moi et pour les autres d'ici. Ils te remercieront et seront heureux de le faire[1].

22 novembre 1972

Moi : Certains philosophes pensent que chacun de nous, hommes vivants, possède une conscience supérieure, un *Moi supérieur* qui plonge ses tentacules dans le fond commun de l'Inconscient collectif; ce Moi supérieur est ainsi informé de choses que la conscience éveillée ne connaît pas. Ainsi pourrait s'expliquer, selon certains, le phénomène dont je suis le sujet. Que pensez-vous de cette théorie?

Réponse : Que penser de cela? Pas grand-chose! Nous ne te connaissons pas de Moi autre que le tien, ni supérieur ni inférieur, tu n'en as qu'un seul. Il t'est imparti par Dieu et tu ne peux faire que lui seul ne soit le maître de ton intelligence. Toutefois, ce Moi qui est le tien est disponible et ouvert à nos voix en tout temps et pas seulement lorsque tu écris.

---

1. *Note de P. M.* — Ce court épisode mérite de retenir l'attention du lecteur et de porter à réfléchir celui qui se lancerait imprudemment dans des expériences de cet ordre. On imagine sans trop de peine les dangers que pourrait comporter une semblable *possession* pour peu que l'entité désincarnée (si elle existe) ne soit pas animée à l'égard de l'expérimentateur trop confiant d'intentions uniquement charitables. Si Julien a eu la chance de tomber sur des interlocuteurs bienveillants, il n'en va pas toujours de même. Autant que possible, ne vous laissez jamais « posséder »!

MOI : Donc, je dépens beaucoup des influences que je reçois?

EUX : Oui, énormément, car tu es très influençable; et ce qui pourrait, en certaines occurrences, être un défaut se mue ici en qualité, car tu es docile aux voix qui te viennent d'En Haut. Si nous nous effacions, tu risquerais d'entendre d'autres voix qui ne sont pas bonnes.

MOI : Je suis donc conditionné par vous?

EUX : Non, car c'est toi qui choisis de nous écouter plutôt que d'autres, de par le caractère qui est le tien et qui te constitue; ce sont choses inséparables de toi.

MOI : On me reproche parfois d'être trop solitaire et de ne pas me plonger dans ce que les gens appellent « la vie ».

EUX : *Tu devrais savoir que la Vie est ici.* Mais il faut aussi que tu te fasses des amis et que tu répandes la Bonne Nouvelle tant que tu le pourras.

MOI : La Bonne Nouvelle du christianisme, ou bien la bonne nouvelle de ce que j'ai appris sur l'Audelà?

EUX : Tu dois propager l'une par l'autre; mais avec circonspection.

MOI : Dois-je publier un livre sur vos messages?

EUX : Là, c'est avec hésitation que nous te répondons. Le sujet n'est pas mûr. Il le deviendra, mais ne l'est pas encore. Il te reste d'autres expériences à faire. Nous en reparlerons.

11 décembre 1972

MOI : J'ai eu hier soir une pensée pour Z... (Je nomme ainsi un garçon qui s'est suicidé il y a une trentaine d'années.) Savez-vous qui il est et ce qu'il est advenu de lui?

Eux : Nous ne savons pas exactement de qui tu parles. Cela remonte loin sans doute. (Un moment de silence.) Ecoute : cela incombe à d'autres, mais si tu veux nous ferons des recherches.

Même jour, un peu plus tard

Eux : Nous avons fait les recherches en question. Z... est en mauvaise posture à cause de différentes choses, dont sa mort volontaire. Il est en ce moment à la porte de ses soucis, il n'est pas entièrement responsable de ce qu'il a fait, on l'y a poussé. Mais c'est un peu tard pour te préoccuper de lui, tu aurais dû le faire avant. Il a passé par tout le cérémonial habituel en pareil cas, avec des hauts et des bas durables.

Moi : A-t-il maintenant compris?

Eux : Pas encore tout à fait, il faut l'y aider. Peu nombreux sont ceux qui ont intercédé (pour lui) car son entourage était incroyant. Mais ta pensée le peut si tu le veux.

Moi : Comment une âme peut-elle endurer si longtemps l'adversité de ce « purgatoire »?

Eux : Ça, c'est un peu compliqué à expliquer. En tout cas, sois bien certain que c'est très épouvantable et ils ne peuvent plus mourir une fois qu'ils sont là. Aussi est-il très difficile de les soulager malgré eux. Ils ont quand même des périodes de répit relatif, mais ils ne savent pas comment se diriger ni comment en sortir. Z... était menteur; il ne peut donc croire les autres (lorsqu'ils essayent de l'éclairer); il passe donc par des périodes affreuses sans espoir.

Actuellement, il a commencé à entrevoir qu'il allait pouvoir s'en sortir.

Moi : Y a-t-il des esprits qui l'aident?

Eux : Oui, mais ce sera encore mieux si tu intercèdes en sa faveur.

Moi : Trente ans de ce régime, ça me paraît exagéré pour un type comme lui, pas très équilibré, donc en partie excusable!

Eux : Tu parles de ce que tu ne sais pas. Il a fait souffrir des gens. Et puis qu'est-ce que trente ans? Pour un esprit, c'est peu. Il faut prendre cela au sérieux, c'est grave. *Dieu lui-même en souffre.* Alors tu vois bien.

Moi : Donc, je vais prier pour lui. Je l'ai peu connu, et il m'avait paru sympathique...

Eux : Oui, il avait ses bons côtés; malheureusement un peu fou et inconstant même dans ses propres visées. Une loque. Tout reste à faire pour lui. Il est réduit à peu de chose.

Moi, risquant une allusion à une possible réincarnation : Devra-t-il renaître sur terre pour s'amender?

Eux : Réponse non autorisée. Et de plus tout va changer bientôt (?). Il faut souhaiter pour lui qu'il puisse s'amender ici. De toute façon, fais de ton mieux, c'est une bonne œuvre à ta portée.

18 décembre 1972

Alain : ... Il ne fallait pas tenter cette expérience-là [1]; à mon avis N... n'est pas ton genre. Pas

1. Allusion à un nouvel essai de vérification demandé par un ami.

étonnant si quelque chose n'a pas marché, je ne sais pas quoi au juste. (...) Tu n'es pas assez bon médium. Tu vois, ici on n'est plus en liaison directe avec le passé et il arrive qu'on invente sa vérité au fur et à mesure. Nous avons besoin de vie humaine terrestre (comme celle d'un bon médium) pour nous replonger dans nos souvenirs éparpillés. Toi, tu n'as pas les effets souhaités pour ça, et c'est pourquoi je te parle de ce qui se passe ici, et en avant pour toi. mais pas tellement de mes souvenirs.

MOI : Tu l'as pourtant bien fait, au début!

ALAIN : Oui, parce qu'il fallait, et c'était très important pour toi (pour te faire croire), alors on en a mis un coup. Tu comprends, Julien? J'ai appuyé sur l'accélérateur pour te dire qui j'étais, c'était indispensable à ce moment-là. Mais plus maintenant, puisque tu as cru; et tu crois toujours. Alors, c'est pas la peine de faire des efforts, *pénibles pour nous ici.*

MOI : Tu penses qu'avec de vrais médiums, les messages passent mieux?

ALAIN : Evidemment, tiens! Ils (les vrais médiums) nous donnent leurs forces et ça les fatigue beaucoup. Toi, tu ne te fatigues pas. *Et c'est mieux pour toi ainsi.*

MOI : Que faudrait-il faire pour être meilleur médium?

ALAIN : Te tracasse pas; ça ne servirait à rien, ce n'est pas là l'important.

7 janvier 1973

ALAIN : Nous sommes plusieurs avec toi ce soir, mais c'est Alain qui parle. Je sens que tu ne vas pas bien.

Moi : Je vais te laisser parler à ta guise, sans intervenir.

Alain : Je veux bien parler un peu, si tu veux. Julien, tu viens de lire un livre qui remue des problèmes attenants au monde de l'Esprit. C'est pourquoi il y a intercommunication plus facile ce soir...

(Et voilà mon ami lancé dans une conférence descriptive à propos des relations de l'homme avec l'Au-delà. Je la transcris fidèlement, laissant au lecteur le soin d'en apprécier le pittoresque; cependant, c'est à nous qu'il incombe de savoir lire à travers les mots.)

Alain : L'homme est ainsi fait que tout son subconscient — ou ce qu'il appelle comme ça — est plongé dans la pensée des autres et nous le recevons comme il nous reçoit. Il n'y a pas d'autonomie, tout se tient avec des « centres » qui sont des *moi* et des *je* plongés dans un bain d'esprit comme dans un liquide, si on veut. Alors ça t'explique tout (???).

Moi : Certains « je » sont incarnés, d'autres non?

Alain : C'est ça, mais les non-incarnés sont beaucoup plus nombreux par le fait qu'il y a plus de morts que de vivants, et qu'en plus il y a des esprits qui n'ont jamais été incarnés et ne le seront pas. Inimaginable?

Moi : Pas tellement!

Alain : Bien. Alors, tous ces « je » flottent dans le même bain et il y a succion, ou quelque chose comme ça.

Moi : Osmose?

Alain : Oui. Naturellement, ce n'est pas complètement soumis à des lois et c'est pourquoi ça vasouille un peu quelquefois (*sic*). En bas, ce n'est pas pareil, parce que vous avez des organes (physiques) qui vous délimitent carrément, et c'est seulement dans l'invisible que ça se mélange. Je te fais un amphi, tu vois (!!!). Je continue. Après ça, tu comprends que nous sommes entrecroisés suivant nos affinités, car les pensées qui ne s'accordent pas (entre elles) ne peuvent pas se fondre ensemble, c'est impossible. Ça se repousse comme des électricités (lire : des charges électriques) de même signe.

(Un silence).

Moi : Je t'écoute.

Alain : Alors il y a des choses difficiles à expliquer. Tu en sais déjà quelques-unes.

Moi : Lesquelles?

Alain : Les étages (plus ou moins) élevés selon l'affinité plus ou moins parfaite en direction de l'Amour, qui est Dieu.

Moi : Oui, j'avais déjà assimilé ça...

Alain : Eh bien, tu as l'essentiel.

Moi : ... Alain, sois un peu plus personnel, comme tu l'étais au début. Pourquoi ne me parlerais-tu pas de nouveau de tes souvenirs?

Alain : Tu vas recommencer à me demander des détails? Je t'ai déjà dit que ma vie n'a pas été intéressante et que je n'aime pas y penser; c'est toujours la même chose.

Moi : Sais-tu que, par moments, je finis par douter même de la sincérité du portier de l'Hôtel X***? Il a peut-être répondu oui pour faire plaisir; peut-être suis-je complètement feinté!

Alain : Ah! pauvre Julien, tu peux penser ce que tu veux, mais moi je sais que je suis ici et que je te parle. Et ça, c'est à prendre ou à laisser. Je ne peux rien de plus.

Moi : Si : tu pourrais au moins me donner un

signe quelconque de ta mort ou de ton existence passée.

Alain : Tu finiras par me mettre en colère, et c'est très mauvais pour moi. Ne fais pas ça, je t'en prie! Tu as vu comment ça peut tourner!

Moi : Bon, du calme, Alain, ne te fâche pas. Ne t'excite pas surtout. On est amis...

Alain : Oh! que tu peux être embêtant parfois. Ne cherche plus.

Moi : Entendu, Alain.

Alain : Alors, on cause encore?

Moi : Parle-moi de tes chevaux.

Alain : Mes chevaux, mes chevaux, c'est déjà vieux. J'ai autre chose à faire que j'aime mieux maintenant. Tu le sais, je m'occupe des gens. J'aime les gens, ceux dont je m'occupe. Je peux leur faire du bien, c'est quelque chose qui vous prend en entier. Quand tu constates que le bien se fait. Ah! c'est enivrant, je t'assure!

Moi : Tu parles de ton prêtre de Charonne?

Alain : Celui-là et aussi d'autres que tu ne connais pas.

Moi : Des Parisiens tous?

Alain : Oui, banlieue incluse... Je leur parle mieux leur langage. Aucune influence sur les gens d'ailleurs. Ici (à Paris), je suis encore chez moi. Il ne faut pas s'éparpiller, c'est contraire à ce qu'on cherche.

Moi : Je me demande à quel genre de gens il faudra que je m'intéresse quand ce sera mon tour...

Alain : Alors là, mon vieux, c'est une colle à laquelle je n'ai pas de réponse prête. Ça se fera de soi. Et puis je te l'ai déjà dit : ne rêve pas à ce que tu feras ici : c'est important. Tu peux te faire des idées fausses qui te poursuivront. Ça peut te faire du mal.

31 janvier 1973

Extrait d'un message très long et très important.

(D'un Esprit évolué :)

... Vois-tu, Julien, ce n'est pas par la volonté du Père que les hommes souffrent. Là où il y a souffrance, c'est le signe du non-accomplissement de Sa volonté, ou plutôt, si tu veux, le signe de la non-volonté du Père. Le Père veut le salut de tous, et Il fait ce qu'il faut pour cela, mais en tenant compte de la Liberté des créatures que vous êtes, (liberté) sans laquelle vous ne seriez que des pierres mues.

Moi : L'Evangile encourage l' « esprit d'enfance ». Il dit que le Royaume des Cieux est pour les enfants et ceux qui leur ressemblent. Or, les psychologues modernes luttent contre ce qu'ils appellent l' « immaturité » ou l' « infantilisme »; il n'est partout question que d'une civilisation « adulte ». La recherche du Royaume de Dieu est assimilée à un goût infantile pour le « merveilleux ». La psychologie moderne a-t-elle tort contre l'Evangile? Devons-nous nous efforcer à redevenir « enfants »? Cette question me paraît importante et mérite une réponse circonstanciée.

Réponse : Je peux te donner une réponse claire. L'esprit d'enfance : ce que Jésus entend par là, c'est une faculté d'ouverture à ce qui, pour d'autres, n'est rien que du « merveilleux ». Les enfants n'ont pas l'esprit encombré de préjugés, ils croient facilement, ils sont *frais*. Toi aussi, de ce point de vue. Mais c'est sans rapport avec ce que tes contemporains appellent la « maturité », et que je nommerais plutôt *le sens des responsabilités.* Un homme doit être un adulte dans la mesure où il dirige librement sa vie selon ce qui lui paraît bon. Un adulte doit prendre ses décisions lui-même et ne pas être sans cesse (auprès de ses semblables) en quête d'un conseil ou d'une directive. En cela, il fait bien. Seule la Volonté du Père (et non les avis des autres hommes) doit lui servir d'étalon (pour évaluer ses actes). Toi, fais de même, tout en conservant cet esprit d'enfance dans la mesure où il t'ouvre à la Foi.

13 février 1973

(Quelqu'un m'avait chargé de poser à mes interlocuteurs la question suivante : les progrès de la recherche actuelle en parapsychologie vont-ils dans le sens voulu « là-haut », ou bien ne constituent-ils qu'un effort prométhéen de conquête du Ciel par l'homme? En d'autres termes, devons-nous continuer à chercher ou bien nous contenter de la « Révélation »?)

Moi : R... pose une question difficile, qui appelle une réponse d'En Haut. Puis-je la poser maintenant?

Voix : Nous savons cette question.

Moi : Vous avez de la chance, car moi je m'en souviens mal. (Elle m'avait été posée oralement la veille, et elle m'échappait sur le moment.) Puis-je tout de même recevoir une réponse?

Voix : Oui. Ce que R... appelle « parapsychologie »

est une recherche humaine qui monte en partant de la Terre. Les « Révélations » vous viennent du Ciel. Il ne faut pas confondre. Tout effort montant de la Terre est bon et porte des fruits. Les Révélations, dans la mesure où elles couperaient les ailes à de tels efforts, joueraient un rôle nuisible : une Révélation d'En Haut n'a de raison d'être que si elle éclaire l'homme sur ce qu'il est incapable, par nature, de découvrir lui-même : c'est-à-dire la Parole de Dieu[1]. Autrement dit, une Révélation (non ainsi motivée) pourrait être considérée (de la part de Dieu) comme démagogie et paternalisme, ce dont les hommes ne veulent plus, et certains d'entre eux le clament bien haut. Alors, qu'ils cherchent; et ils trouveront, peu à peu, par degrés. Il est préférable de ne rien brusquer car l'équilibre est fragile : On peut à tout moment le rompre par une imprudence. Mais nous, nous tous, suivons cela de très près. L'homme est toujours très pressé d'arriver à ce qu'il souhaite, mais il doit tempérer cela. *La découverte de l'Au-delà est pour demain,* pas encore pour

1. Dans une « Réponse de théologien à Jean Fourastié » parue depuis dans le *Figaro* (21-7-73), le R. P. Michel Riquet écrit : « Comment le théologien ne serait-il pas d'accord avec (Jean Fourastié) lorsqu'il affirme l'incapacité de la science positive à répondre aux questions que tout homme se pose sur le sens de la vie et le destin de l'univers. Il rejoint saint Thomas d'Aquin : « Toute la perspective des sciences d'observation ne peut s'étendre au-delà de ce que peut atteindre la connaissance des réalités sensibles. Or, dans cette connaissance des réalités sensibles ne peut consister la suprême béatitude de l'homme qui se confond avec son ultime perfection; nul ne peut, en effet, trouver la perfection dans ce qui lui est inférieur. La perfection suprême de l'intelligence humaine ne peut se réaliser que *dans* et *par* une réalité qui la dépasse et la domine. »

aujourd'hui. Cela, je te l'ai déjà dit. Il vient, le jour où cela deviendra clair et évident. Notre intervention doit rester discrète, comme une aide extérieure qui ne s'impose jamais. Dis cela à R...

Moi : Croyez-vous que cette réponse lui paraîtra satisfaisante?

Voix : Au savant (qu'il est), non. Au chrétien (qu'il est également), oui. Qu'il continue dans cette même voie, avec les difficultés qu'elle comporte.

(Au sujet de l'opportunité d'une publication du présent rapport :)

12 février 1973

Voix : Tu auras beaucoup à dire à beaucoup de personnes. Veille à pouvoir le faire en toute liberté de conscience, car il y aura au-dessus de toi des réticences nombreuses et parfois fortes. Il ne faudra pas t'y arrêter.

3 mars 1973

Moi : Que pensez-vous au sujet du conseil de P. M., de commencer à rédiger un rapport sur tout cela?

Voix : Nous pensons qu'il a raison, étant donné qu'il te faudra longtemps pour le terminer. Tu pourras modifier tes vues en cours de route, au fur et à mesure de l'expérience.

(Exact. La présentation de ce texte a été plus d'une fois remaniée.)

4 avril 1973

Moi : J'ai commencé mon rapport. Dois-je poursuivre?

Voix : Oui, tu le dois, sinon tu ne pourras pas endiguer ton impulsion. C'est une œuvre de longue haleine. Il faudrait (compléter par) de la documentation, mais en attendant tu peux écrire provisoirement ce que tu as déjà.

Moi : Est-ce une œuvre à laquelle vous tenez?

Voix : A vrai dire, c'est plutôt toi, mais sous une impulsion intérieure forte.

Moi : D'où vient cette impulsion?

Voix : Elle vient de toi-même et de ton désir de communiquer ce que tu penses. Si tu pouvais en parler (librement autour de toi), tu n'aurais pas envie de l'écrire. Mais parce que tu es empêché de parler, c'est le trop-plein qui saute.

Moi : Y voyez-vous un inconvénient?

Voix : Aucun.

Et, pour finir sur une note optimiste, voici un heureux faire-part émanant d'Alain, le 26 février 1973, m'annonçant joyeusement qu'il venait de monter en grade. « J'ai gagné des galons et, tiens-toi bien, j'ai des amis sous mes ordres! On forme une coopérative et on se donne à plein... »

Bonne chance, Alain! Et, pour tout ce que tu as fait, merci!

Voilà terminé, cher P. M., le récit d'une histoire qui ne finit pas là. Utilise-la comme tu croiras devoir le faire, je t'accorde mon entière confiance.

Une dernière fois : ai-je été, pendant toute une année, le jouet de mon inconscient? Merveilleux inconscient, en vérité, qui sait tant de choses que j'ignore, inconscient protéiforme qui se nomme tantôt Alain, tantôt Abraham, tantôt Maurice, Antoine, Solange ou Armand, et s'exprime en autant de styles différents qu'il incarne de personnages... Les profondeurs humaines sont-elles vraiment semblables à cette caverne d'Ali-Baba dont je continue à tirer des trésors inépuisables?

Avant de mettre à ce rapport un point final, je voudrais te faire part d'une réflexion qui m'est récemment venue à l'esprit.

Certains s'étonnent parfois d'une apparente contradiction entre deux affirmations du Christ dans l'Evangile :

1. Mon Royaume n'est pas de ce monde.
2. Le Royaume des Cieux est au-dedans de vous.

Il me semble, après ce qui m'est arrivé, avoir trouvé la réponse à ce dilemme. Une très simple opération mathématique consiste à dire : si $A = x$ alors que $B = x$, on peut en déduire que $A = B$. J'applique ce procédé algébrique aux versets que je viens de citer, et j'obtiens :

— Si le Royaume n'est pas de ce monde, et cependant se trouve au-dedans de nous, c'est donc que *l' « au-dedans de nous » n'est pas de ce monde.*

Et voilà qui expliquerait *tout...*

En toute amitié,

JULIEN

III

ETUDE CRITIQUE PAR L'AUTEUR

Ainsi se termine le rapport de Julien.

Je suppose que le lecteur, s'il n'a pas refermé ce livre dès les premières pages, est maintenant aussi stupéfait que moi, — pour ne rien dire de l'étonnement éprouvé par Julien lui-même. Car l'ami Julien continue à passer par la douche écossaise des périodes de chaud et de froid. Qui pourrait d'emblée, à moins de se laisser complaisamment porter par la foi du charbonnier, se résoudre à croire sans discussion *tout* ce qui se trouve impliqué dans un pareil rapport?

En dépit de ma propre tendance à considérer la « survie » comme une hypothèse revêtue d'une grande probabilité, j'estime qu'il serait stupide — voire extrêmement *dangereux* (j'insiste) — d'empocher cette monnaie sans l'avoir préalablement fait tinter sur le carreau pour en vérifier la valeur authentique.

C'est pourquoi je me propose d'entreprendre maintenant une étude critique de l'expérience relatée en l'examinant du point de vue de la psychologie traditionnelle : il est très important pour nous de savoir dans quelle mesure on peut l'interpréter sans recourir au supranormal, sans faire appel au métapsychisme, — c'est-à-dire en excluant *a priori* l'hypothèse de communications avec des morts.

Il est d'abord nécessaire d'admettre une fois pour toutes la sincérité absolue de Julien.

S'il avait l'habitude de fabuler, s'il était mythomane, cela se saurait dans son entourage. Or, je répète que je connais Julien depuis fort longtemps, et qu'il est réputé pour son honnêteté, sa franchise absolue. Il convient lui-même que, s'il avait voulu inventer une histoire de toutes pièces, il lui était facile de faire mieux.

Ni lui, ni moi, n'aurions d'ailleurs jugé ce rapport digne d'être publié s'il n'avait comporté un *fait* très difficilement explicable : sous la forme d'une mystérieuse voix intérieure, une personnalité se présentant comme celle d'un jeune défunt totalement inconnu du percipient, décline son identité, son ancien métier, le lieu précis de son travail, son goût pour l'équitation; autant de traits qui, après enquête, s'avèrent conformes au signalement d'un personnage ayant une existence dans la vie réelle, alors que le « scripteur » n'en pouvait rien savoir.

Au regard de quiconque ne se sent pas rebuté par le supranormal, l'hypothèse la plus satisfaisante, la plus simple aussi, est de très loin celle qui consiste à admettre la survie et la communication télépathique avec les trépassés; car elle éclaire non seulement le phénomène « Alain Tessier — Hôtel X*** », mais également la multiplicité des messagers et le contenu de leurs messages.

Mais nous savons que cette hypothèse ne sera pas

accueillie à bras ouverts, qu'elle sera plutôt repoussée avec énergie par la majorité de nos savants, psychologues, psychiatres, et même parapsychologues. Quelle autre hypothèse proposeront-ils? Voilà ce qu'il serait urgent de savoir. Après quoi, nous serons toujours libres de discuter.

HYPOTHESES PSYCHANALYTIQUES

Pour un psychologue (qui refuse d'envisager la survie de l'esprit en dehors du corps), comment se présentent les choses?

Voici un homme, Julien, qui, au départ, « croit » plus ou moins à cette sorte de survie; il a lu plusieurs ouvrages traitant de cette question et s'en est imprégné. L'idée lui vient un soir de tenter lui-même l'expérience de la communication. Voilà, dira l'analyste de faction, qui est déjà révélateur en soi : cette tentative montre chez Julien un désir latent d'évasion du réel. C'est donc un insatisfait. La réalité quotidienne le déçoit et il espère trouver dans une expérience hors du commun une *compensation* aux platitudes de l'existence. Il est donc, à l'avance, *prédisposé* à accueillir le moindre signe de ce qui lui apparaîtra comme une irruption du « merveilleux » dans sa vie. Naturellement, tout cela est, chez le sujet, totalement inavoué...

Il s'efforce donc de « faire le vide » dans son esprit; il y parvient au bout de quelques essais. La porte est alors ouverte à la voix de son propre inconscient : c'est le processus normal de la psychanalyse freudienne. Seule différence : l'absence du psychanalyste chargé de canaliser le flot des pensées inconscientes; Julien s'instaure à la fois sujet et objet.

Rien d'étonnant si l'inconscient prend alors la forme souhaitée, c'est-à-dire celle des « messages » que notre homme attend et espère. De même que certains rêves se présentent comme une réalisation de désirs refoulés, de même les « voix intérieures », chez Julien, se déguisent en fonction de ce qu'il souhaite.

S'il découvre ce faisant que ces « voix » ne partagent pas forcément les idées qu'il professe consciemment, il a tort d'en être surpris : de telles divergences entre conscient et inconscient sont de règle. On sait, depuis Freud, que ces contradictions existent en chaque être humain, et que toute analyse contribue à les dévoiler.

Exemple : Julien s'irrite lorsque l'un de ses pseudo-interlocuteurs, Armand B..., vient lui parler d'une prochaine fin du monde accompagnée de cataclysmes; il réprouve, dit-il, ce genre de prédictions apocalyptiques et les qualifie de « morbides ». Mais n'est-ce pas là, justement, une nouvelle manifestation de cette insatisfaction dont nous parlions tout à l'heure? Quelque chose, en Julien, conteste le monde où il vit, en souhaite la destruction; sursaut d'agressivités refoulées n'excluant pas une teinte de masochisme...

Autre détail signifiant : le personnage « Alain », qui est pour Julien une sorte de projection de lui-même, aime monter à cheval et se tue en motocyclette. Julien ne se reconnaît pas dans ce tableau car, dit-il, il n'a jamais été tenté par la moto et n'a fait à cheval qu'une seule expérience, plutôt malheureuse.

Mais Julien lui-même rappelle que, dans une perspective freudienne classique, cheval et motocyclette sont tous deux des symboles sexuels caractéristiques. D'où il ressortirait que les activités sexuelles de Julien lui sont présentées par son inconscient sous deux aspects différents : l'un, désirable et désiré (promenades équestres), l'autre, mortel (motocyclette plus accident fatal). Traduisons à la façon de Freud : tendances érotiques d'une part, combattues par les scrupules du *surmoi* (préjugés sociaux, religieux, etc.) qui qualifient ces tendances de « mortelles », comme le « péché » qui porte ce nom.

Et le nom d'*Abra*! De l'aveu même de Julien, ces deux syllabes (proposées par une voyante) évoquent d'abord dans son esprit l'*Abra-cadabra* des magiciens : c'est l'irruption du merveilleux. Après quoi, *Abra* devient *Abra-ham,* symbole du patriarcat, image du « Père ». Il dut y avoir, au cours de l'enfance de Julien, une assimilation entre l'idée du « père » et celle de « puissance magique » : l'inconscient n'est pas avare, comme on sait, de ce genre d'approximations verbales, véritables calembours de l'âme...

... Je n'irai pas plus loin dans cet essai d'analyse psychologique; il se trouvera bien quelque spécialiste pour le prolonger au besoin. Il reste que, pour un psychologue qui refuserait d'envisager la communication avec des « esprits », le rapport de Julien pourrait constituer un thème des plus révélateurs de son caractère et de ses tendances insoupçonnées; on pourrait, grâce à l'examen de ce dossier, connaître son auteur mieux qu'il ne se connaît lui-même...

Oui, mais... Il y a un *mais,* et d'importance. L'explication psychanalytique laisse complètement dans l'ombre le fait qu'Alain Tessier a eu une existence *objective* en tant que garçon d'ascenseur dans un certain établissement parisien, et que — cela tout au moins — l'inconscient de Julien *ne pouvait pas* le savoir.

Ne le pouvait-il vraiment pas?... Le psychologue averti montre ici qu'il a plusieurs tours dans son sac. Certes, dira-t-il, Julien a pu bénéficier d'un moment de clairvoyance télépathique, mais de tels phénomènes ne concernent pas la psychologie classique (elle préfère les ignorer : c'est l'affaire des parapsychologues!). Il faut donc proposer autre chose, et cette autre chose est toute trouvée : *cryptomnésie!*

Qu'est-ce que la cryptomnésie? C'est, du point de vue étymologique, la « mémoire cachée »; autrement dit, le souvenir inconscient. Une personne plongée dans le fil de ses propres pensées entend ou voit quelque chose sans y prêter la moindre attention; cependant, ce qu'elle a entendu ou vu a été enregistré par son subconscient et est passé directement dans sa mémoire sans que le sujet en ait été (consciemment) averti. Un jour, à la faveur d'une association d'idées propice, le souvenir enfoui fera brusquement surface et se présentera comme une idée neuve, originale. Le sujet croira avoir rêvé ou perçu intuitivement ce qui n'est en réalité qu'une réminiscence.

Il se pourrait donc, dira le psychologue, que Julien, absorbé par la lecture d'un livre, dans le métro ou dans un train, ait inconsciemment enregistré une conversation qui ne le concernait pas, où il a pu être question d'un certain Alain Tessier, de sa profession, de ses goûts pour les chevaux. Il suffit alors que ses tentatives de communications avec des entités présumées aient supprimé les barrières de sa conscience; tandis qu'il s'efforce de « personnaliser » ses phantasmes en leur donnant des noms, celui d'Alain Tessier surgit, avec son petit cortège de données objectives, un nom d'hôtel, une fonction, etc. L'idée qu'il s'agit d'un esprit défunt s'impose d'elle-même; l'accident de moto est aussitôt allégué, mais il est entièrement fictif; et voilà pourquoi on n'en retrouve aucune trace à la morgue de Melun, pas plus que de tombe dans les cimetières explorés.

Donc, un certain Alain Tessier, toujours bien vivant, court sans doute encore à l'heure qu'il est, et ne présente probablement aucun rapport avec l'image que Julien s'est créée de lui.

Défoulement auto-analytique, plus cas de cryptomnésie : voilà, pourrait-on dire, le dossier classé. (Provisoirement tout au moins, car nous n'allons pas tarder à voir la discussion rebondir.)

Inutile de le dire, Julien ne se rallie absolument pas à cette interprétation-là. Non qu'il nie la possibilité d'une manifestation de mémoire inconsciente; il sait que des phénomènes de cet ordre ont été plus d'une fois constatés; là n'est pas la question. Mais enfin, il ne s'agit, pour ce qui le concerne, que d'une hypothèse de plus; et en fait, d'une hypothèse très difficilement vérifiable. Julien n'a conservé (par hypothèse) aucun souvenir conscient d'une conversation portant sur la personnalité du liftier; il ne voit même pas à quelle occasion il aurait pu être le témoin d'un pareil entretien. Comment en apporter la preuve?

Il faudrait pour cela soumettre Julien à une séance d'hypnose et le faire remonter au long du temps; encore le résultat de l'opération serait-il sujet à caution, car l'hypnotisé pourrait être influencé par l'idée préconçue des opérateurs et déformer la réalité dans le sens souhaité par eux. Aucun espoir, par conséquent, d'aboutir à une certitude.

Quoi qu'il en soit, pour expliquer tout l'ensemble des faits que Julien a consignés, ainsi que le contenu de tous les messages transcrits, l'hypothèse freudienne d'une autopsychanalyse ne se suffit pas à elle-même, et il nous a fallu lui en superposer une seconde, celle de la cryptomnésie. L'affaire se présente mal : un esprit scientifique ne me contredira pas si j'avance ici que le recours à plusieurs hypothèses additionnées pour éclaircir un seul fait n'est jamais bon signe. On s'accorde depuis Occam à considérer que la valeur d'une explication diminue lorsque augmente le nombre des suppositions introduites dans le jeu.

Or, nous ne sommes pas encore quittes : si nous voulons élucider à fond tous les aspects distincts du phénomène, il nous faudra évoquer encore d'autres éventualités. Ainsi, il n'est guère facile d'expliquer l'extrême variété des personnalités qui s'expriment à travers Julien, leurs notables différences de style, certaines interventions tout à fait imprévisibles (comme celle du « remplaçant » qui monte la garde en l'absence de l'équipe responsable; ou celle du petit enfant — « il y avait du bruit et puis on était mort, autre chose quoi! » —); peut-on attribuer *toutes* ces manifestations si diverses *au subconscient d'un seul homme,* lequel passe en général pour normalement équilibré?

Car Julien *n'est pas un malade* : il a bien voulu se soumettre, sur ma demande, à un examen neurologique. Le médecin qui l'a examiné a été formel : il n'y a dans son cas *aucune trace de phénomène psychotique hallucinatoire.* Son électroencéphalogramme ne révèle rien d'anormal. Son comportement dans la vie courante est celui d'un homme parfaitement sain d'esprit; *aucune altération de son caractère n'a été remarquée dans son entourage depuis qu'il a commencé à s'adonner à l'* « *écriture intuitive* » et le seul changement notable dont on puisse faire état va dans le sens d'une disposition accrue pour la *prière* (la foi religieuse n'est généralement pas considérée comme une maladie...) Bref, Julien se porte le mieux du monde; il va jusqu'à affirmer qu'il ne s'est jamais senti plus en forme que depuis le commencement de ses conversations avec ses « gardiens »...

HYPOTHESES DES « PERSONNALITES SECONDES »

En dépit de cette tendance euphorique, nous voici pourtant conduits à réexaminer Julien, non plus sous l'angle de l'analyse freudienne, mais sous celui de la psychiatrie proprement dite; car nous allons voir maintenant qu'il est malheureusement possible, tout « bien portant » qu'il soit, d'étendre à son cas particulier des notions générales issues de l'étude clinique des malades mentaux.

Cela va nous entraîner assez loin, et je prie le lecteur de bien vouloir me pardonner si les quelques pages qui suivent immédiatement risquent de lui paraître d'un abord un peu rebutant.

Le Dr Pierre Janet (1859-1947) a été l'un des premiers — avant Freud — à partir à la découverte de l' « inconscient ». Dès 1889, il avait publié un ouvrage consacré à l'étude de *l'Automatisme psychologique,* œuvre géniale non seulement pour son époque mais encore pour la nôtre, car il ne semble pas que les connaissances médicales aient, sur ce point, beaucoup évolué depuis lors. Ce livre [1] traite en particulier des *dédoublements de personnalités* fréquemment constatables chez les hystériques, ainsi que des actes mécaniquement accomplis par eux sans que leur volonté en ait le contrôle. Rien d'étonnant si le Dr Janet dut, à cette occasion, se pencher sur le phénomène de l'écriture automatique, ainsi que sur les problèmes du « spiritisme » (très en vogue à l'époque).

L'observation des malades à symptômes hystériques montre que ceux-ci peuvent occasionnellement manifester la présence en eux-mêmes de deux personnalités distinctes (ou davantage), chacune d'entre elles conservant toute son autonomie par rapport à l'autre; le sujet peut alors, incidemment, se livrer à deux activités indépendantes qui, normalement, eussent exigé chacune toute l'attention disponible (comme par exemple dialoguer avec le médecin pendant que la main écrit un texte cohérent sans aucun rapport avec la conversation en cours).

A l'état de veille ordinaire, le patient ne se rend absolument pas compte de ce clivage psychologique, alors même que l'existence de ce conflit intérieur compromet de plus en plus gravement son équilibre

---

1. *L'Automatisme psychologique*, réédition 1973 par la Société Pierre Janet et le Laboratoire de psychopathologie de la Sorbonne.

mental; mais lorsqu'il se trouve artificiellement plongé en état de « somnambulisme » (c'est le terme utilisé par P. Janet pour désigner l'*hypnose*), ces rivalités se révèlent au grand jour : les personnalités secondes revendiquent tour à tour la primauté, le malade s'exprime successivement au nom de l'une ou de l'autre, chacune d'entre elles affirmant un « moi » distinct. Souvent ces différents « moi » s'ignorent entre eux, mais il arrive aussi qu'ils connaissent cette cohabitation dans un même sujet : ils jugent « l'autre » avec plus ou moins de sévérité, se moquent de lui, ou même le détestent cordialement.

(Bien que ces manifestations morbides paraissent nous éloigner beaucoup de Julien — fort heureusement pour lui! —, nous verrons bientôt en quoi le phénomène des « personnalités secondes » peut nous paraître intéressant à soulever ici.)

Le processus de formation de ces « personnalités secondes », tel qu'il a été décrit par le Dr Pierre Janet, est — en peu de mots — le suivant : pour une cause quelconque (choc psychologique, par exemple), il se produit au fond de l'inconscient un phénomène de « désagrégation mentale » au cours duquel un élément psychique rudimentaire se sépare de l'ensemble dont il faisait partie; à la suite de quoi cet élément ainsi isolé s'anime, se développe, assume une vie psychique autonome, utilisant à son profit toutes les associations d'idées apparentées qui se présentent à sa portée, enregistrant aussi les impressions inconsciemment perçues par le sujet alors que celui-ci se trouve en état de « distraction ». Tant et si bien que, petit à petit, cette pensée parasitaire finit par se muer en une individualité autonome; ses emprunts, ses larcins psychiques lui ont permis de se constituer un bagage intellectuel qui diffère de celui de la personne consciente. Elle possède sa propre mémoire, ses propres tendances, son propre caractère; elle peut se montrer joyeuse et espiègle alors que le sujet conscient est triste et angoissé, ou inversement. Le livre du Dr Janet fourmille d'exemples fascinants décrivant l'attitude stupéfiante de ses patientes, Léonie, Rose, Marie, et bien d'autres[1]; pour nous, profanes, qui n'avons jamais pénétré dans un laboratoire de psychologie pathologique, tout cela assume un aspect difficilement imaginable.

Bien que ce processus mis en lumière par Janet concerne plus spécialement les états morbides observables dans des cas d'hystérie caractérisée, il n'est nullement exclu que des phénomènes *du même ordre,* quoique moins spectaculaires, puissent exister

1. Voici un résumé de l'histoire de « Léonie ». Avant de recourir aux soins du Dr Janet, cette femme avait servi de partenaire à un magnétiseur de foire ; elle avait donc passé une partie de son existence sous l'emprise de l'hypnose provoquée. Janet lui découvrit trois personnalités : la première, qui correspondait à son état normal de veille consciente, ne connaissait pas les deux autres. « Léonie II » — la même Léonie placée sous hypnose — présentait tous les caractères de la magnétisée foraine ; elle se montrait aussi espiègle et brillante que Léonie I était timide et réservée, et considérait sa devancière comme « une brave femme, un peu bête », dont elle refusait de partager l'identité, préférant s'appeler Léontine, nom qui lui était dévolu lors de ses exhibitions. En d'autres circonstances apparaissait une « Léonie III », sérieuse et grave, qui jugeait les deux précédentes et disait de Léonie II : « Comment pouvez-vous croire que je ressemble à cette folle? je ne suis rien du tout pour elle, heureusement. » (Cf. *op. cit.*) Ce n'est là qu'un exemple parmi d'autres, non moins curieux.

sous une forme bénigne chez des personnes réputées saines d'esprit :

Les individus, écrit P. Janet, qui présentent ainsi à un degré exceptionnel un phénomène ou un caractère qui sera peu apparent chez un homme normal, sont forcément des malades... (mais) il faut admettre pour le moral ce grand principe universellement admis pour le physique depuis Claude Bernard, c'est que les lois de la maladie sont les mêmes que celles de la santé et qu'il n'y a dans celle-là que l'exagération ou la diminution de phénomènes qui se trouvaient déjà dans celle-ci. Si l'on connaissait bien les maladies mentales, il ne serait pas difficile d'étudier la psychologie normale.

Attiré par toutes les formes que pouvait revêtir cette particularité psychologique, il était prévisible que le Dr Janet allait prendre un vif intérêt aux expériences du Spiritisme d'Allan Kardec. Certes, la croyance aux « esprits » lui apparaissait comme une « superstition bizarre »; néanmoins, il protestait contre la tendance générale à tourner les pratiques spirites en ridicule, persuadé qu'il était de l'absolue sincérité de ceux qui rapportaient les faits dont ils avaient été témoins.

Ne s'agissait-il pas de phénomènes très comparables à ceux qu'il observait lui-même en laboratoire, et auxquels il pensait avoir trouvé une explication *rationnelle*? Que l'on se servît, pour faire parler des entités invisibles, d'un médium, d'une table, d'une « planchette », ou de l'écriture automatique, les résultats obtenus ne différaient guère de ceux qu'il provoquait de son côté au moyen de l'hypnose :

des « personnalités » ignorées par la conscience des individus présents s'exprimaient tout à coup à leur manière et manifestaient au grand jour des pensées dont l'origine ne pouvait être à ses yeux que l'inconscient de quelqu'un.

Après avoir cité un passage de Taine décrivant une personne capable, tout en causant ou en chantant, d'écrire sans regarder son papier des phrases suivies et même des pages entières dont elle ignorait le contenu, ce qui — au dire de l'historien — démontre « la présence simultanée de deux séries d'idées parallèles indépendantes, ou, si l'on veut, de deux personnes morales juxtaposées dans le même cerveau », Janet s'émerveille de constater que l'on puisse, en prenant le spiritisme comme point de départ, parvenir à des conclusions identiques aux siennes, obtenues en empruntant un tout autre chemin.

Cette rencontre nous porte à croire (...) que les phénomènes observés par les spirites sont exactement identiques à ceux du somnambulisme naturel ou artificiel et que nous avons le droit d'appliquer littéralement à cette question nouvelle les théories et les conclusions auxquelles nous étions (précédemment) parvenus.

Jusqu'à preuve du contraire, écrit-il encore, je suis disposé à croire que les deux phénomènes (...) doivent s'expliquer de la même manière par la désagrégation de la perception personnelle et par la formation de plusieurs personnalités qui tantôt se succèdent et tantôt se développent simultanément.

Autrement dit, l'apparition chez un homme

comme notre Julien de « personnalités secondes » douées d'autonomie et présentant des caractères bien déterminés, pourrait dans une certaine mesure s'assimiler aux phénomènes décrits ci-dessus et s'expliquer, en gros, de façon semblable.

Force nous est de reconnaître ceci : s'il était prouvé que des manifestations tout à fait analogues peuvent être indifféremment produites, d'une part sous l'effet d'une hypnose provoquée par un médecin à des fins curatives, et d'autre part lors de séances d'évocations d' « esprits » — les prétentions du métapsychisme sortiraient très mal en point d'une pareille confrontation. On comprend les réticences d'un praticien accoutumé à susciter lui-même, chez ses malades, des réactions si voisines de celles qui se produisent, plus ou moins spontanément, au cours de réunions spirites[1].

Mais, patience! Nous ne sommes pas encore au bout de nos peines...

Julien serait en droit, ici, de nous faire remarquer que sa façon de procéder lors de ses dialogues avec l'Au-delà n'a qu'un rapport lointain avec l'écriture automatique dont parle Janet. Il n'y a, chez Julien, aucun *automatisme* à proprement parler, ce qui le distingue de la personne mentionnée par Taine, celle qui remplissait des pages cohérentes tout en causant

1. Nous ne tarderons pas à voir que cette similitude, très troublante, n'est pas à sens unique ; elle peut également jouer à l'encontre des interprétations de Pierre Janet. Certains dédoublements pathologiques peuvent aussi bien relever de la « possession » par une entité étrangère (cas d'incorporations).

ou en chantant, ou en regardant par la fenêtre. Dans tous les exemples fournis par Janet, les « personnalités secondes » ne se manifestent qu'à la faveur d'un moment d'inattention, lorsque la conscience du sujet est « distraite », occupée ailleurs ou endormie. Cette condition semble requise pour que l'inconscient puisse se libérer.

Or, Julien n'est pas de ces médiums qui peuvent écrire en pensant à autre chose : au contraire, il concentre son attention sur ce qu'il fait, il ne laisse de place à aucune sorte d'automatisme; il sait parfaitement ce qu'il écrit. Ce qu'il ignore, c'est *ce qu'il va écrire,* ce qui va lui être « dicté ». Parfois les premiers mots d'une phrase lui suggèrent telle suite logique, et il s'apprête à la noter, — mais non : c'est une autre fin de phrase, inattendue, qui s'impose à lui et qui prend une direction toute différente, aussi logique en soi, mais totalement imprévisible pour la conscience éveillée du scripteur. Il reste le maître de son intelligence, et pourtant c'est la teneur du texte qui semble s'élaborer d'elle-même, sans aucune intervention de sa volonté.

Sans doute Julien aurait-il raison d'apporter ce correctif : on n'est jamais assez précis. Cependant, nous serions obligés de lui répondre, à notre grand regret, que cela ne change pas grand-chose à l'affaire. Et c'est un autre psychiatre, en l'occurrence Carl G. Jung, qui va le lui montrer.

Carl Jung a consacré un important chapitre de son livre *Problèmes de l'Ame Moderne*[1] à cette forme de création artistique, souvent désignée par le terme

1. Traduction française du Dr Roland Cahen, édit. Buchet-Chastel.

d'« inspiration », où l'artiste se sent comme envahi par une force étrangère; c'est l'œuvre d'art qui demande à venir au jour, comme Pallas Athéna jaillissant toute casquée du crâne de Zeus...

Ces œuvres, écrit Jung, s'imposent, pour ainsi dire, à l'auteur; sa main est en quelque sorte saisie; sa plume écrit des choses qui mettent son esprit dans l'étonnement... Tandis que sa conscience se trouve anéantie et vide, il est submergé par un flot d'idées et d'images qui ne sont, en aucune façon, les produits de son intention et que sa volonté n'aurait jamais voulu produire... Il ne peut qu'obéir et suivre cette impulsion d'apparence étrangère, sentant que son œuvre est plus grande que lui.

Le psychiatre suisse ajoute qu'il est juste de considérer ce processus de formation créatrice « comme un être vivant implanté dans l'âme ».

Que le lecteur veuille bien, sans plus attendre, se reporter à la description proposée par Marcelle de Jouvenel et que Julien a reproduite dans les premiers feuillets de son rapport (voir p. 82 et 83) : on sera frappé de l'étonnante similitude qui rapproche ce texte de celui de Jung. Ce sont presque les mêmes termes, et l'on pourrait croire que l'un des auteurs s'est directement inspiré de l'autre. Faut-il en conclure, comme on n'a pas manqué de le faire, que Marcelle de Jouvenel, croyant écrire sous l'influence de son fils Roland, n'a obéi qu'à son propre génie?...

Car Jung ramène tout bonnement l'inspiration créatrice à l'intervention de « personnalités secondes » (qu'il nomme, lui, dans un jargon différent, des *complexes autonomes*). Il se réfère, d'ailleurs, aux travaux de Pierre Janet, mais il ajoute que de tels processus ne sont pas l'apanage des malades mentaux, qu'ils affectent tout aussi bien des êtres normaux, — non seulement « normaux », à vrai dire, mais doués au surplus d'une intelligence très supérieure à la moyenne (il cite Goethe et Schiller, qui ont plus d'une fois reconnu avoir été la proie de telles emprises psychiques).

Nous en sommes toujours au même point : qu'elles relèvent ou non de l'automatisme, ces écritures inspirées proviennent, disent les spécialistes, de l'inconscient de l'écrivain.

Mais, dira-t-on, l'inconscient peut donc se révéler assez riche pour élaborer des œuvres sublimes, capables de surpasser les facultés conscientes d'un auteur? Car enfin, si l'on s'en rapporte aux thèses de Freud, l'inconscient de chaque individu ne peut contenir autre chose que ce que l'individu y a refoulé. Comment se pourrait-il qu'un « complexe autonome » déploie un talent supérieur et fasse preuve de dons que l'écrivain ne possède pas? D'où tire-t-il ces images, ces idées que le poète n'avait jamais conçues?

Ici, Jung fait intervenir un concept nouveau, celui de *l'Inconscient collectif*. Un « complexe autonome » ne se contente pas de trouver sa nourriture intellectuelle dans les associations empruntées à l'inconscient personnel du sujet; il lui est également loisible d'en puiser dans « cette sphère de mythologie inconsciente dont les images primitives sont la propriété commune de toute l'humanité », soit l'Inconscient collectif, qui — selon Jung — représente « une moyenne de millions d'expériences individuelles ».

Toute vie psychique en reçoit « une image divisée », sous les « multiples formes d'un pandémonium mythologique » attendant « d'être traduites en un langage conceptuel ».

Disons plus clairement que l'Inconscient collectif est chargé de toute la sagesse de nos pères, et que l'inconscient de chacun de nous, s'il est — comme le pense Carl Jung — capable de lancer des tentacules psychiques dans cet immense réservoir de pensée, dans cet inépuisable fonds commun, on doit admettre qu'il puisse occasionnellement en rapporter des merveilles dont le poète demeure stupéfait[1].

Soit. Admettons. Allons-nous rendre les armes et nous avouer vaincus? Alain Tessier, Antoine, Solange et Abraham ne sont-ils rien d'autre que des « personnalités secondes » nées des caprices de l'inconscient de Julien, parées de surcroît des ornements spirituels de l'Inconscient collectif?

Je ne le pense pas, et voici pourquoi.

---

1. Au sujet des « paroles intérieures qui peuvent se faire entendre surnaturellement à l'esprit », saint Jean de la Croix écrit : « (L'esprit profondément recueilli) établit des principes, tire des conséquences très appropriées à son sujet, et raisonne avec tant de facilité et de précision sur des choses qu'il ignorait auparavant, qu'il croit n'être pas l'auteur de ces conceptions. Se reconnaissant incapable de les produire, il lui semble qu'une autre personne lui parle intérieurement, lui répond, ou l'instruit. Cela peut, à la vérité, n'être pas sans motifs bien fondés qu'il pense ainsi, puisqu'il raisonne et se répond à lui-même comme le feraient deux personnes qui s'entretiendraient ensemble. En effet, l'esprit humain semble s'adresser un dialogue à lui-même, et c'est le Saint-Esprit qui l'aide très souvent à former, à produire ces conceptions, ces paroles et ces raisonnements. (...) C'est là un des modes d'enseignement dont se sert l'Esprit Saint pour instruire les âmes. » (*Œuvres spirituelles*, tome II, chap. 29, traduction publiée par les soins des Carmélites de Paris, éditions Mame, à Tours (1936)).

LES LIMITES DE L'HYPOTHESE DES PERSONNALITES SECONDES

Il faudra bien en convenir : de telles théories, même lorsqu'elles semblent aptes à rendre compte d'un phénomène *considéré dans sa généralité,* ont une nette tendance à se fissurer, voire à s'écrouler complètement dès qu'on les confronte avec tel ou tel point de *détail.* C'est ce qui ne va pas tarder à se produire une fois de plus pour les assertions de Janet et de Jung.

Pourtant, soyons beaux joueurs : la thèse de l'Inconscient collectif présente un grand avantage, celui de rendre plausibles les remarquables concordances dont nous nous étonnions au début de ce livre, concordances qui s'établissent entre différentes communications attribuées à des défunts, alors que les percipients qui les ont transmises ont appartenu à toutes sortes de milieux et ont vécu à n'importe quel moment de l'histoire. Les révélations d'un philosophe grec, celles d'un lama tibétain, celles d'un ingénieur du XVIIIe siècle, suédois et luthérien, celles que fournissaient les médiums d'Allan Kardec au cours de leurs transes, celles enfin que nous devons à des mères de familles bourgeoises et chrétiennes de l'époque contemporaine, n'auraient aucune raison de présenter des points communs, — sauf s'il était démontré qu'elles ont toutes été tirées du même Inconscient collectif, et transposées à partir des mêmes symboles extraits d'un patrimoine de mythes dont l'humanité tout entière a reçu l'héritage.

Cette concession accordée — provisoirement —

rassemblons nos cartes et reprenons l'initiative du jeu.

S'il est facile, comme nous l'avons vu, d'imaginer que Marcelle de Jouvenel, écrivain de profession, et notoirement douée d'une grande sensibilité poétique, a pu « inventer » sans s'en rendre compte une grande partie des messages de Roland [1], il n'en va pas de même en ce qui concerne Mme Monnier, la mère de « Pierre ». Outre que celle-ci, au dire de ceux qui l'ont personnellement connue, n'avait jamais fait preuve de la moindre aptitude littéraire avant de se mettre à capter des messages, rien ne la prédisposait à jouer un tel rôle par la suite : elle avait mené une vie mondaine marquée de voyages et de réceptions; ses convictions protestantes, jointes à ses goûts personnels, l'avaient toujours tenue éloignée de tout ce qui touchait de près ou de loin aux sciences occultes, à l'évocation des esprits.

Aussi, lorsque les « lettres » de Pierre commencèrent à révéler cette extraordinaire ampleur théologique, en même temps que des connaissances exceptionnelles, M. Monnier — le père de Pierre —, jusque-là très réservé et sceptique, fut contraint de reconnaître que son épouse ne possédait pas les dons nécessaires à la composition de ces textes. Il arrivait notamment qu'elle utilisât *des expressions latines*, machinalement inscrites au cours d'une phrase, et il lui fallait demander à son mari de lui en traduire le sens, car elle n'avait jamais approché le latin. En

1. Mais non pas tous : il arrivait à Roland d'annoncer à sa mère des événements futurs dont la réalisation, imprévisible, déconcertait Mme de Jouvenel.

d'autres occasions, Pierre lui dictait des mots rares qu'il fallait aller chercher dans le dictionnaire : perspicuité, réfrangible, immarcescible, phytographie, inconcressibilité... Avait-elle inconsciemment glané ces termes dans quelque livre savant? Mais M. Monnier connaissait bien le niveau habituel des lectures de sa femme : aucune chance d'y avoir rencontré des expressions d'une telle technicité.

Ces irruptions soudaines de connaissances linguistiques sont loin de constituer un cas particulier. Les annales des sociétés métapsychistes, tout comme celles des laboratoires psychiatriques, relatent de nombreux cas de « glossolalie » (on appelle ainsi la faculté de s'exprimer inopinément en une langue étrangère que l'on n'a jamais étudiée) ; on la rencontre aussi bien chez des médiums en transe que chez des individus névrotiques, et, également, chez des personnes de comportement normal placées dans certaines conditions de disponibilité mystique.

Peut-on rationnellement soutenir qu'une « personnalité seconde », née spontanément dans l'inconscient d'un individu, ait pu acquérir pour son propre compte l'usage d'une langue étrangère? Ce n'est pas non plus l'Inconscient collectif qui pourra être mis en cause, car cet Inconscient ne « parle » aucune langue : il s'exprime, au dire de Jung lui-même, en images mythiques et en symboles éternels. Ce n'est donc pas lui qui a pu enseigner le latin à Mme Monnier, ni lui insuffler un vocabulaire formel qui n'était pas le sien, lorsqu'elle écrivait « phytographie » ou « perspicuité »...

Les récits métapsychistes abondent en faits de ce genre, au cours desquels des messages médiumniquement perçus apportent des données nouvelles, précises, dont la véracité n'est démontrée qu'au cours d'un contrôle *ultérieur* : documents glissés entre les pages d'un livre, clefs que l'on retrouve à l'endroit indiqué, souvenirs d'une vie terrestre confiés par un défunt inconnu et vérifiés par la suite, que sais-je encore? L'Inconscient collectif ne se charge pas de ce genre de commissions.

Alors, on en revient aux connaissances oubliées, à la cryptomnésie. On suppose qu'un « somnambule » qui se met à pérorer en allemand alors que, réveillé, il ne connaît pas cette langue, a *dû* avoir, dans sa prime enfance, une nourrice allemande dont il a inconsciemment retenu les expressions; on suppose que le défunt inconnu qui raconte sa vie n'était pas en définitive aussi inconnu que ça; on suppose, on suppose...

Mais la cryptomnésie elle-même ne peut pas servir de passe-partout : souvenons-nous de cette anecdote relatée par le professeur Rhine (voir ci-avant, p. 27), celle d'un message paternel capté par un enfant de quatre ans qui ne savait pas encore écrire, encore moins sténographier, et qui, s'amusant à griffonner au hasard, traçait sans le savoir les signes d'une forme désuète de sténographie qui n'était plus enseignée à l'époque; le message ainsi délivré révélait à la mère de l'enfant l'existence d'une lettre urgente oubliée dans un bureau à New York... On se rappelle tout cela. Quelle part de ce fait peut être attribuée à la cryptomnésie? Le mari avait pu, mettons, avant sa mort, avertir téléphoniquement son épouse de son intention d'écrire cette lettre, et la jeune femme l'avait totalement oublié; bon. Mais l'enfant de quatre ans? Et ses prouesses sténographiques?

Ni l'Inconscient collectif, ni la cryptomnésie, ni

l'hypothèse des personnalités secondes ne trouvent leur place en pareille affaire. Il reste au sceptique une seule issue, celle de décréter que cette histoire *n'a pu* avoir lieu; que le professeur Rhine, personnage réputé pour sa probité, sa pondération, sa minutie et ses scrupules célèbres en matière d'investigation scientifique, s'en est pour une fois laissé conter par un mythomane. Quand un événement résiste à toute explication dite « rationnelle », le plus simple est de le déclarer inexistant.

Solution de facilité, tentation à laquelle le Dr Janet s'efforçait parfois de se soustraire, comme en témoignent certains paragraphes de l'ouvrage déjà cité; mais c'était pour y céder de plus belle au paragraphe suivant. Lorsque Janet cite lui-même des réponses, surprenantes par leur intelligence, soi-disant fournies par des « esprits », c'est uniquement aux fins de démontrer que de telles réponses ne pouvaient pas provenir de la conscience de l'expérimentateur, mais bien de son inconscient. Encore cette « intelligence » lui paraît-elle fort sujette à caution : « Comment les lecteurs de ces messages, écrit-il, ne se sont-ils pas aperçus que ces élucubrations, tout en présentant des combinaisons intelligentes, sont au fond horriblement bêtes et qu'il n'est pas nécessaire d'avoir sondé les mystères d'outre-tombe pour écrire de semblables balivernes... » (page 374).

Confronté à des phénomènes qui impliquent obligatoirement l'intervention de la télépathie, de la clairvoyance ou de la prémonition, alors Janet se dérobe : ce sont, dit-il, « des faits dont la démonstration complète demanderait des précautions minutieuses dont ces enthousiastes seraient bien incapables. On peut dire, poursuit-il avec aplomb, qu'il n'y a pas un seul fait authentique de ce genre. » Et d'ajouter aussitôt : « D'ailleurs, si j'ai complètement évité de parler de la lucidité et d'autres facultés analogues à propos des somnambules » — (il s'agit des malades hypnotisés, ne l'oublions pas) — « ce n'est pas pour traiter la question incidemment à propos des médiums. »

En d'autres termes, le psychiatre a décidé une fois pour toutes qu'il éliminerait de son étude toute manifestation dont le caractère paranormal risquerait de le plonger dans l'embarras.

Que penser d'une méthode qui consiste à faire disparaître d'un ensemble de phénomènes étudiés celui qui ne peut recevoir d'explication par les voies habituelles? Celui qui, précisément, pourrait contenir la solution exacte aux problèmes soulevés? Les hystériques sous hypnose, tout comme les médiums spirites, manifestent parfois un don de voyance ou de réceptivité télépathique indéniable? Tant pis. Nous n'en tiendrons pas compte, ce n'est pas notre affaire, nous ne voulons pas le savoir...

Assez curieusement, Pierre Janet se montre beaucoup plus ouvert, beaucoup plus conciliant, à l'égard d'autres manifestations rapportées par les spirites, bien qu'elles puissent à bon droit paraître bien plus extraordinaires encore que celles dont il refuse de s'occuper : mais voilà, il s'agit de faits qui ne relèvent pas directement de sa spécialité. Il peut donc les accueillir sans risque pour les idées auxquelles il tient.

Les spirites désignent sous le nom de phénomènes physiques ceux qui se produisent en dehors du médium et en apparence sans son intervention : les coups dans les murs, la fameuse écriture directe qui a lieu loin du médium au moyen d'un crayon marchant tout seul, et surtout les soulèvements de table sans contact, les déplacements d'objets qui ont été si bien étudiés par Gasparin et par Crookes. Ces choses, au moins les dernières, ne doivent pas être niées à la légère. Ce sont peut-être les éléments d'une science future dont on parlera plus tard... (p. 366).

A la bonne heure! Un crayon marchant tout seul, une table qui se soulève d'elle-même, voilà des choses qui étonnent à peine notre psychiatre; « il ne faut pas, dit-il, les nier à la légère ». Tandis que l'intelligence des « esprits », leur lucidité, leur clairvoyance...

En fait de clairvoyance, rendons tout de même hommage à celle de Pierre Janet lui-même, qui prévoyait, en avance de plus d'un demi-siècle, que ces étrangetés « sont peut-être les éléments d'une science future ». Effectivement, les parapsychologues d'aujourd'hui se penchent sur les effets de la *télékinésie*, c'est-à-dire l'action de la pensée sur les objets inertes, sans aucun recours à des intermédiaires matériels. Nous saurons donc un jour, peut-être, comment un crayon peut écrire seul sans être tenu par aucune main, et quelle sorte d'énergie peut soulever une table à laquelle personne ne touche.

La parapsychologie étudie également la communication de la pensée à distance, la métagnomie, les rêves prémonitoires. Mais de cela, le Dr Janet (en 1889) ne voulait pas entendre parler.

Et puisque nous en arrivons à la parapsychologie,

voyons si cette discipline nouvelle n'a rien à nous apprendre à propos du cas de Julien.

HYPOTHESE PARAPSYCHOLOGIQUE

N'oublions pas que, jusqu'à nouvel ordre, les parapsychologues ne sont pas disposés — plus que ne le sont les psychologues — à accréditer l'idée de la survie dans l'Au-delà, et qu'ils tiennent essentiellement, comme leurs devanciers, à procéder suivant les canons de la méthode dite scientifique. Celle-ci leur interdit de croire aux « esprits »; ils n'y croient donc pas. Voilà qui est dit.

Cependant, la méthode scientifique ne les empêche plus de s'intéresser à la télépathie, phénomène aujourd'hui largement reconnu dans les milieux avancés, ainsi que nous l'avons vu dans la première partie de cet ouvrage. Mais il ne peut s'agir, bien entendu, que de télépathie *entre vivants.*

Il nous faut donc revenir à l'hypothèse d'un Alain Tessier toujours bien vivant, qui aurait correspondu télépathiquement avec Julien en se faisant passer pour mort. Que l'on veuille bien se reporter à l'anecdote citée par Julien, p. 152 et 153, où des messages émanant d'un personnage qui se donnait pour défunt ont abouti à des retrouvailles avec l'individu en question, bien en vie, à l'adresse télépathiquement indiquée par le faux mort, adresse toute récente que ce dernier était seul à connaître. Un même processus aurait pu relier le cerveau de Julien à celui du liftier, à l'insu des principaux intéressés.

... Aussi ne s'étonnera-t-on pas si notre ami Julien ressentit récemment une émotion plutôt vive en tombant par hasard, dans les colonnes d'un quotidien, sur le nom d'Alain Tessier... Il s'agissait d'un Alain Tessier, âgé de vingt-deux ans (c'était l'âge que le liftier aurait normalement atteint s'il avait continué à vivre), lequel Alain employait ses week-ends, avec un groupe de camarades, à secourir des vieillards et des handicapés dans une ville de province, pour le compte d'une œuvre charitable à laquelle le journal consacrait un article. Inutile de dire que, une fois de plus, les cheveux de Julien se dressèrent sur sa tête, car non seulement l'âge coïncidait, mais de plus les activités secourables de cet Alain Tessier présentaient une analogie certaine avec les missions célestes de l'Alain-esprit : n'étaient-ils pas tous deux, en quelque sorte, des « anges-gardiens »?

Cette fois, Julien se crut lancé dans une aventure encore plus compliquée qu'il ne l'avait imaginé; si la thèse de la télépathie entre vivants s'avérait conforme à la réalité, comment expliquer ce lien psychique entre un inconnu total et lui-même? En regard de semblable mystère, l'idée d'un contact avec les morts paraissait tellement plus simple!

Julien n'eut de cesse qu'il ne se fût procuré l'adresse de l'œuvre charitable mentionnée, et écrivit au nouvel Alain pour lui demander s'il n'avait jamais effectué de stage en tant que chasseur à l'hôtel X*** à Paris. Après quoi ce fut de nouveau l'attente anxieuse à l'affût de chaque courrier. En vain tentait-il de calmer son angoisse en évoquant, crayon en main, l'Alain céleste — toujours fidèle au poste — qui s'efforçait de le rassurer :

ALAIN : Il y a des centaines de Tessier en France,

et Alain est un prénom courant. D'ailleurs, je le connais, ce garçon. Son père est dans l'industrie, il fabrique des chaussettes (*sic*). Lui, c'est un type bien, j'aurais bien voulu lui ressembler de mon vivant; mais rien à voir avec ce que j'étais!

Enfin, la réponse vint, sous la forme d'une petite lettre très courtoise et fort correctement rédigée :

« ... Vous avez dû rencontrer un de mes homonymes dans cet hôtel X***. Je suis, pour ma part, étudiant en médecine et n'ai jamais eu l'occasion de travailler à Paris. »

Signé : Alain Tessier.

Soupir de soulagement.

L'hypothèse d'un « fantôme de vivant », de par la rareté du fait et à cause de son côté absurde, incompréhensible, me paraît difficilement soutenable dans le cas de Julien. Elle ne tient d'ailleurs aucun compte des multiples personnalités qui s'expriment au fil de l'écriture de notre ami; faudrait-il imaginer une multiplicité égale de faux fantômes? A quel mécanisme et à quels mobiles imputer ces échanges télépathiques entre des vivants qui ne se connaissent pas, déguisés au surplus en messages de défunts? On ne discerne pas l'intérêt qu'il y aurait à remplacer un mystère par un autre, encore plus rempli d'obscurités.

CONCLUSION PROVISOIRE

Je ne sais ce que pourra penser le lecteur au sujet de cette série d'interprétations successives, dont chacune eût sans doute mérité d'être plus longuement développée (mais il est toujours possible, le cas échéant, de consulter les ouvrages cités en référence, où chacun pourra trouver les nombreux détails que je n'ai pu faire figurer ici).

A mon sens, ces allégations ne comportent qu'un seul avantage, en admettant que c'en soit un : celui d'écarter *d'office* l'hypothèse de la survie, et de paraître résoudre avec élégance un problème gênant.

Bien entendu, ni Julien ni moi ne raisonnons de cette façon. D'abord, parce que la survie n'est pas à nos yeux un problème « gênant ». Bien plus : la prolongation de l'existence par-delà la mort ne nous apparaît même pas comme un problème, mais plutôt comme une solution à des problèmes qui, pour l'instant, n'en comportent aucune autre. Du moins, aucune autre qui puisse paraître aussi satisfaisante, aussi exhaustive.

Il est, bien entendu, tout à fait légitime — c'est même un devoir impérieux — de tenter l'analyse de manifestations aussi insolites que les hantises, la télékinésie, les apports d'objets, toutes les autres formes de « poltergeist », et du même coup les communications attribuées aux défunts, *sans* recourir à l'hypothèse de l'Au-delà. Mais il est tout aussi légitime, et c'est un devoir également impérieux, que de ne pas s'en tenir là à tout prix; nul n'a le droit d'écarter, par esprit de système, une possibilité quelle qu'elle soit.

Car s'il est exact que certains phénomènes étranges, insolites, peuvent être apparemment « très bien » expliqués *sans* l'aide du métapsychisme, il est bon de reconnaître qu'ils s'expliquent encore mieux *avec* lui.

Les syndromes de certaines maladies mentales accompagnées de phénomènes incompréhensibles, aussi bien *physiques* que *psychiques,* peuvent actuellement être « décrits » par la médecine contemporaine, et se voir accoler une dénomination. Mais décrire et nommer n'est pas forcément expliquer. Certaines manifestations de cet ordre apparaîtraient beaucoup plus claires, et beaucoup plus logiques, si l'on acceptait de les réexaminer sous l'angle de la survie d'entités décorporées. Devant des sujets dont le comportement trahit la présence de plusieurs personnalités distinctes qui se disputent sa conscience, le Moyen Age parlait de « possession »; ce en quoi il avait peut-être raison en un certain sens et jusqu'à un certain point. (Mais il envoyait les possédés au bûcher quand l'exorcisme se révélait inefficace, ce en quoi il avait certainement tort.)

L'existence d'entités psychiques étrangères à notre monde visible explique beaucoup mieux que toute autre hypothèse les communications transmises par des médiums en transe, ou par le truchement d'une oui-ja, ou par les diverses formes d'écriture médiumnique; surtout si, au lieu de s'arrêter à l'analyse du mécanisme déclenché, on examine avec soin le contenu des messages, ce à quoi la médecine ne s'attarde presque jamais, estimant que ce n'est pas son rôle.

Il est également injuste d'exclure systématiquement l'intervention d' « esprits » lors des inspirations littéraires, musicales ou autres, qui mettent en évidence chez des « personnalités secondes » des dispositions « géniales » (au sens strict du terme) que l'artiste ne possède pas normalement.

Lorsque la survivance de la personnalité au-delà

de la mort pourra être enfin officiellement reconnue, l'ensemble de ces phénomènes énigmatiques prendra un aspect tout différent; nous en comprendrons beaucoup mieux la nature et la raison d'être; le comment et le pourquoi. Et nous sourirons sans doute alors avec condescendance à la pensée de toutes les tentatives effectuées jusqu'ici dans le but d'évincer une vérité aussi simple...

Ainsi, durant des siècles, le mouvement des astres et la succession des jours et des nuits parurent très clairement expliqués grâce au système de Ptolémée pour qui le soleil tournait autour de la Terre; bien que des esprits indépendants, tels Hicétas, Platon, Héraclide ou Aristarque, eussent déjà professé l'idée des révolutions de notre planète, l'orgueil de l'homme la repoussa pendant deux mille ans et s'en passa à merveille durant toute cette longue période. Mais il faut reconnaître que l'astronomie se porte beaucoup mieux depuis que Nicolas de Cusa, Copernic et Kepler ont réussi à faire triompher une autre forme de vérité.

De même, Ernest Renan a fort adroitement établi que la vie de Jésus de Nazareth s'explique très bien en éliminant tout ce qui, dans l'Evangile, relève du paranormal; mais nous sommes un certain nombre, de par le vaste monde, à penser que la naissance et le développement du christianisme, si l'on réintroduit tout ce que Renan avait supprimé, s'expliquent infiniment mieux.

Au surplus — pour en revenir à notre sujet — nous ne saisissons pas très bien pour quelle raison la désagrégation mentale qui provoque chez des malades la naissance de personnalités secondes éliminerait d'un seul coup toute idée de survivance d'entités psychiques désincarnées. Il me semble, au contraire, que *ces deux éventualités, loin de se contredire, peuvent parfaitement s'ajouter l'une à l'autre en se complétant.* Si les circonstances décrites par Janet permettent la manifestation de « moi » secondaires, autonomes par rapport au conscient d'un sujet, on peut tout aussi bien concevoir que des entités étrangères, *puissent s'exprimer de façon analogue, à travers les mêmes canaux.*

Dans la mesure où il s'avère que l'inconscient de tous les hommes, sans exception, est *normalement* constitué par des courants psychiques divers décelables chez n'importe qui, rien ne s'oppose à ce que d'autres courants psychiques, issus d'une origine différente mais cependant composés de la même substance (que nous appelons l'esprit), viennent se mêler aux nôtres « comme de l'eau dans l'eau ».

Ainsi les eaux du Rhône traversent-elles le lac Léman sans s'y diluer complètement.

... Sans doute Julien conservait-il cette comparaison présente à sa pensée le jour où, après avoir, sur mes conseils, lu l'ouvrage de Pierre Janet, il se mit en devoir d'interroger à ce propos ses amis invisibles. La réponse qu'il reçut par l'entremise d'Alain correspondait à peu près à ce qui vient d'être dit; elle comportait d'ailleurs ce membre de phrase que j'ai placé entre guillemets : « comme de l'eau dans l'eau ». Mais aussitôt après s'être servi de cette analogie, Alain corrigeait ses déclarations, comme il lui arrivait souvent de le faire à l'étonnement de Julien : non, ajoutait-il, plutôt que « comme de l'eau dans l'eau », il serait plus exact de dire *« comme s'entremèlent parfois des fils provenant de pelotes de laine de couleurs différentes »*. Et de préciser encore : « Pour vous (les vivants) qui ne distinguez pas ces « couleurs », il est presque impossible de séparer ces fils les uns des autres; mais pour nous (les désincarnés), c'est plus facile parce que nous voyons les couleurs et nous savons bien ce qui vient de nous. »

Autrement dit, outre les personnalités diverses que peut abriter notre inconscient, des entités tout à fait indépendantes de nous-mêmes peuvent, semble-t-il, s'y introduire et s'y manifester selon les mêmes processus. Si bien que les ressemblances relevées par le Dr Janet entre les dissociations de la personnalité et les interventions attribuées à des défunts ne prouvent absolument pas que celles-ci puissent être identifiées à celles-là. Deux phénomènes dont les origines sont radicalement distinctes l'une de l'autre, peuvent aboutir à des manifestations similaires du fait qu'elles utilisent les mêmes possibilités offertes par la nature; sans que cela implique pour autant une telle identification. Les préventions que pourraient faire naître la lecture de *l'Automatisme psychologique* à l'encontre du métapsychisme se révèlent donc dénuées de fondement.

« J'accepterais à la rigueur, ajoute en outre Julien, de croire que mon inconscient abrite trois, quatre ou même cinq « moi » autonomes, — cela s'est déjà vu, paraît-il. Mais quinze, mais vingt! Car, depuis le début de mes conversations intérieures, il m'a été donné de pouvoir dénombrer une bonne vingtaine d'interlocuteurs qui se différencient de leurs congénères en arborant des noms, des caractères, des façons de s'exprimer, des tendances, voire de petites manies qui leur sont propres. Vingt « moi » distincts, cela me paraît vraiment beaucoup pour un seul homme. Je ne sais ce qu'en penseront les spécialistes, mais il ne semble pas que les psychopathes observés dans les hôpitaux pychiatriques aient jamais atteint, ni même approché un pareil record... »

(Que dire alors d'une voyante célèbre, comme Hélène Bouvier[1], qui transmet à longueur d'année les messages de *centaines* de défunts à l'intention d'une clientèle sans cesse renouvelée? Messages dans lesquels les visiteurs reconnaissent le langage de tel ou tel parent disparu, ainsi que j'en ai personnellement fait l'expérience, il y a de cela quelques années... Il s'agit là, de toute évidence, d'un phénomène autre que celui dont Pierre Janet a approfondi l'étude.)

Donc, paraphrasant Janet, nous pourrions dire que « jusqu'à preuve du contraire, nous sommes disposés à croire que les deux phénomènes en question, même s'ils se manifestent au travers de symptômes analogues, obéissent à des causes distinctes ». Et, prolongeant notre paraphrase, nous dirions qu'il s'agit là « des éléments d'une science future, dont on parlera plus tard »...

Lorsque cette science future nous aura enfin éclairés, peut-être comprendrons-nous pour quelle raison les voix surgies du fond de nous-mêmes se présentent si fréquemment, avec une si remarquable constance à travers les âges, comme étant la voix de nos Morts. La croyance quasi universelle en la survivance de l'âme ne s'est-elle pas peu à peu fondée sur ces messages indéfiniment récurrents qui précisaient : « Je suis Un tel, je suis mort, et pourtant je VIS. »

---

1. Cf. *Une voyante témoigne*, Hélène Bouvier, édit. Fayard .

On m'objectera que c'est plutôt le désir de survivre, ancré dans l'instinct de l'homme, qui a suscité de tels messages. Mais une controverse autour d'une pareille question finirait par rappeler fâcheusement l'insoluble devinette du premier œuf et de la première poule : qui a commencé? Et qui viendra départager nos incertitudes?

Finalement, qu'avons-nous retiré de l'ensemble de ces considérations? Tout au moins ceci, qui ne laisse de place à aucun doute : l'esprit humain possède une structure beaucoup plus compliquée qu'on ne le croit communément.

La conscience éveillée de chaque individu a parfois été comparée à la pointe d'un iceberg, dont seule émerge une partie très réduite, alors que la portion invisible s'enfonce dans les profondeurs de l'océan.

Mais on peut aussi la décrire comme la façade d'une maison donnant sur la rue; par les fenêtres éclairées, on aperçoit des salons, des chambres, des cuisines, — rien que de très normal; mais si l'on enfonce la porte d'entrée et que l'on pénètre à l'intérieur, on découvre que ces pièces principales commandent d'autres pièces, de longs corridors, des réduits, des greniers, des caves. On croit sans cesse avoir tout visité, mais d'autres dépendances se révèlent encore, et l'on finit par constater que la maison *ne comporte pas de fond...* Elle se prolonge à l'infini et se dissout dans une brume incertaine où nos yeux de mortels ne distinguent plus rien. Si, rebroussant chemin, nous nous égarons dans ces dédales, rien ne nous assure que nous ne ressortirons pas par une autre maison, arborant sur la rue une autre façade. Car les arrières de ces édifices sans fond communiquent entre eux par des couloirs obscurs...

Alors, pourquoi, dans ces conditions, ne pas se rallier à la conclusion qui figure à la fin du rapport de Julien : « L'AU-DEDANS DE NOUS N'EST PAS DE CE MONDE... »

OBJECTIVITE ET SUBJECTIVITE

Eh bien, rallions-nous. Ou plutôt, *supposons* que l'expérience de Julien nous ait convaincus, supposons que nos hésitations se soient envolées, supposons que nous ne doutions plus de l'existence d'Alain, d'Antoine A..., de Solange, d'Armand, et même d'Abraham. Ces personnages sont réellement, admettons-le, des humains désincarnés, et les textes de Julien sont authentiquement leurs messages. Supposons même que nous en ayons reçu la preuve.

Il reste que nous ne sommes toujours sûrs de rien; le rapport de Julien montre que, lorsque l'on se permet de contrôler, ce que disent les défunts est parfois vrai (l'hôtel X***), parfois faux (Pantin). Et quand on ne peut pas contrôler, il leur arrive de se contredire (réincarnation, pas de réincarnation). De leur propre aveu, les esprits se trompent parfois, ils mentent à l'occasion (par malice ou par ignorance). Mais si nous essayons de contrôler leurs dires, ils protestent : ils veulent être crus sur parole. Ne devraient-ils pas comprendre que, si nous voulons vérifier, ce n'est pas par curiosité vaine? On ne peut se fier entièrement à quiconque dit la vérité une fois sur deux, ou sur trois. Je dirai même plus : si nous étions tout à fait incrédules, si nous pensions qu'il n'y a rien dans tout cela, que les voix intérieures de Julien ne sont qu'illusions et phantasmes, nous n'aurions même pas l'idée de vouloir séparer le vrai du faux. Notre désir de vérification est déjà en lui-même un acte de foi. Pourquoi le réprouvent-ils?

Pour un peu, on en viendrait à se demander si la répugnance affichée par les Invisibles à l'égard des vérifications n'est pas due à leur propre incertitude.

Et cela pose un nouveau problème : il ne suffit pas de croire que les morts vivent dans l'Ailleurs; il nous faut encore savoir jusqu'à quel point ce qu'ils nous disent est *vrai*.

D'aucuns soutiennent que chaque défunt, n'ayant emporté avec lui que le bagage intellectuel qu'il s'est constitué en sa vie, ne perçoit de l'univers de la pensée que ce qu'il est capable de percevoir. D'où les contradictions et les erreurs. D'où le fait que les morts n'ont rien à nous apprendre, puisque — tous — nous récolterons de l'autre côté ce que nous aurons semé de ce côté-ci.

Cette perspective semble effectivement se dégager d'une lecture étroite du *Livre des Morts tibétain* (et surtout de l'Introduction — moderne — due à ses traducteurs, le Dr Evans Wentz et le lama Kasi Dawa Samdup). Il n'y aurait, selon eux, rien d'autre à attendre des morts que l'exposé de leurs propres illusions. « ... Il n'est pas de visions de dieux ou de démons, de cieux ou d'enfers autres que celles qui naissent des hallucinations karmiques de formes-pensées constituant la personnalité (du défunt). Celle-ci est un produit impermanent s'élevant de la soif d'existence et de la volonté de vivre et de croire. » Toujours selon les mêmes auteurs, « les formes-pensées du bouddhiste (...) donneront naissance aux visions correspondantes des déités du panthéon bouddhiste. Un musulman verra le paradis de Mahomet, un chrétien aura la vision du Ciel chrétien, un Indien d'Amérique celle de la Terre de chasse heureuse. » Le Dr Evans Wentz reconnaît que « la Bible des chrétiens, comme le Koran des musulmans, ne semblent jamais considérer que ces expériences spirituelles (...) puissent ne pas être réelles », mais — ajoute-t-il — le Bardo-Thödol « laisse au lecteur l'impression nette que toute vision sans exception est purement illusoire ».

Voilà qui, pris à la lettre, nous apparaîtrait proprement désespérant, à nous qui n'avons pas une mentalité formée à la façon tibétaine. Rien ne nous prédispose à accepter une pareille doctrine qui heurte de front nos convictions les plus profondément enracinées, et nous n'avons nullement l'intention de nous y résigner.

Cependant, ce que Pierre Monnier rapporte d'autre part sur les « réalités irréelles », et Swedenborg sur les « apparences réelles », ne fait qu'augmenter notre inquiétude : sommes-nous tous vraiment destinés, en quittant ce monde, à vivre dans le vague d'une réalité fluctuante privée de références positives?

Nous en avons longuement discuté ensemble, Julien et moi. A mi-chemin de nos échanges, nous en étions revenus à la fameuse question de Ponce Pilate : « Qu'est-ce que la Vérité? » Mais en fin de compte, cette Vérité nous a paru se définir d'elle-même. Je vais essayer d'établir ici un résumé de nos réflexions, avec l'espoir de faire partager au lecteur le réconfort que nous y avons nous-mêmes trouvé.

1. Bien que ce monde-ci soit différent de l'autre, il existe tout de même, entre les vivants de la terre et les esprits désincarnés, *un point commun* : pour les uns comme pour les autres, la certitude première tient dans la formule cartésienne : JE PENSE, DONC JE SUIS. Incarné ou non, tout esprit ne reçoit l'assurance du fait qu'il existe que de cette constatation : je pense.

2. Mais, ce stade dépassé, un abîme se creuse. Le vivant de la terre cherche ses certitudes suivantes dans les perceptions que lui fournissent ses organes sensoriels, qui lui révèlent le monde de la « matière ». Une réalité concrète s'impose à lui comme de l'extérieur et il fonde ses connaissances sur la notion d'*objectivité* (« qualité de ce qui est réel *en dehors de l'esprit qui le conçoit* » — définition fournie par le Robert). Un arbre, un meuble, un monument, la Nouvelle-Calédonie, la Lune, se présentent à nous comme ayant une réalité objective, en dehors de nous-mêmes.

Nous avons donc adopté le principe de tout miser sur des certitudes objectives. Une chose ne nous paraît vraie que si elle nous a été objectivement démontrée. D'une pensée, d'un sentiment, comme celui que j'éprouve en écoutant le deuxième acte de *Tristan,* nous disons qu'ils *ne* sont *que* subjectifs; et ce « ne... que... » indique bien que nous accordons une valeur moindre à ce qui *n'est que* subjectif, par rapport aux avantages de l'objectivité.

3. Rien de semblable chez un « esprit » défunt, car — même s'il se croit doté d'un corps « spirituel », d'organes « spirituels », ses perceptions ne sont pas de l'ordre sensible, il est privé de toute relation physique avec la matière : il n'est qu'*esprit*. Aucune réalité ne se manifeste à lui autrement qu'*en esprit*; partant, la notion d'objectivité cesse d'avoir pour lui un sens. Rien ne peut exister, pour lui, *en dehors de l'esprit qui conçoit*.

Il en résulte qu'un esprit désincarné se meut dans la subjectivité pure; il *est* la somme de ses *propres* pensées. Aussi, après avoir proféré son « je pense, donc je suis », sa deuxième certitude se formule ainsi : JE SUIS CE QUE JE PENSE.

Enfin, comme il n'a d'autre conception du réel que celle qu'il rencontre en lui-même, il est tout naturellement conduit à déclarer : LE REEL EST CE QUE JE CROIS.

Pour nous autres, vivants, en ce monde, l'impossibilité de recourir à une vérification *objective* de nos pensées nous paraît comme une amputation; nous voulons voir, toucher, pour être tout à fait sûrs. Rien ne vaut à nos yeux une preuve « tangible ».

Apparemment, il n'en va pas du tout de même chez les esprits désincarnés. A les entendre, leur statut présente au contraire de nombreux avantages sur le nôtre; ils ne manquent pas une occasion de nous faire sentir que nous sommes « tributaires de nos sens grossiers », et se félicitent sans cesse d'avoir été délivrés de cette servitude.

A première vue, cette satisfaction, de leur part, nous paraît aberrante; nous savons trop bien le bénéfice que nous pouvons tirer de nos facultés sensorielles, et nous ne saurions accueillir avec plaisir l'idée de nous en passer. Mais, après tout, seuls nos défunts peuvent se targuer d'avoir fait la double expérience d'un état physique d'abord, d'un état spirituel ensuite : eux seuls possèdent des éléments de comparaison; nous, non.

A y mieux regarder, c'est peut-être nous qui sommes dans l'erreur. Cette importance que nous accordons à tout ce qui nous *paraît* objectif, n'est-ce pas le fruit d'une dangereuse illusion? Ne sommes-nous pas trompés par des apparences?

Nous allons très vite en être persuadés, grâce à l'intervention d'un grand physicien, Arthur Eddington...

4. On connaît la parabole d'Eddington, que cite Koestler dans *Les Racines du Hasard*. Voici deux tables; l'une est celle sur laquelle j'écris, les coudes bien calés; l'autre est *la même* table, telle que la voit un physicien atomiste : un vide immense, parsemé de particules « séparées par des distances cent mille fois supérieures à leur dimension ». Ces deux représentations du même objet sont fondamentalement dissemblables; et cependant, rien ne nous autorise à décréter que l'une soit plus vraie que l'autre. Nous avons même le droit de penser qu'il pourrait y avoir une troisième façon de concevoir cette table, une quatrième, et ainsi de suite, selon le point de vue où se placerait *l'observateur*.

Où est la réalité « objective »? Nulle part, puisque ces différents reflets d'une même réalité n'existent que *dans l'esprit* de l'observateur qui les perçoit. Une chose qui ne peut être conçue « indépendamment de l'esprit » n'est plus objective, mais subjective. Et la réalité de référence est « ailleurs ».

« Admettre franchement que la physique concerne un univers d'ombres, concluait Eddington, c'est l'un de nos progrès récents les plus remarquables. »

Ombres, reflets, illusion, *maya*, — voilà ce qu'est notre monde : c'est ce que nous enseignent concurremment la physique moderne et la philosophie de l'Orient millénaire.

Donc, si nous, les vivants de la terre, croyons encore à la valeur prépondérante des données objectives, c'est que nous sommes ici-bas psychologiquement conditionnés; c'est que notre intellect est effectivement obscurci par l'insuffisance de nos organes, et par l'emprise de nos sens « grossiers » — ainsi que le clament nos amis de l'Au-delà.

Je cite encore Pierre Monnier : « Il est évident que nos lumières sont bien plus éclatantes que celles dont vous êtes éclairés sur la terre... Dégagés de la matière, toutes nos conceptions étant devenues immatérielles, nous entrevoyons des possibilités qui vous sont inconnues... Ce qui rend notre tâche si difficile, c'est votre besoin naturel de preuves matérielles, physiques, lorsqu'il s'agit de ce qu'il y a de plus immatériel... »

Est-ce pour cela que nos guides invisibles, sachant qu'un jour nous serons tous comme eux, c'est-à-dire plongés dans la subjectivité universelle, nous engagent à en prendre tout de suite l'habitude? Ne vérifiez pas! N'essayez pas de prouver! Croyez! Audessus des preuves matérielles, il y a la Foi! Souvenons-nous du conseil d' « Abra » : « Exerce-toi à la Foi : tu n'auras plus qu'elle un jour; cultive-là![1] »

Et, comme si cela n'était pas suffisant, une Parole plus haute se joint au chœur de nos gardiens, celle du Christ à son disciple Thomas : « Parce que tu as vu, tu as cru; bienheureux ceux qui n'ont pas vu et qui, pourtant, ont cru! »

5. Nous voilà troublés, mais peu rassurés pour autant. La foi sans la vue nous expose à toutes sortes d'erreurs. Tout notre être se rebiffe à l'idée d'un monde entièrement subjectif où n'importe quoi serait vrai à partir du moment où nous aurions choisi d'y croire. Il nous faut un critère de vérité auquel nous pourrions nous accrocher, faute de quoi nos esprits sombreraient dans une totale anarchie.

A quoi les désincarnés rétorquent : il existe une REALITE ABSOLUE de laquelle découlent toutes les réalités. La Réalité Absolue, c'est DIEU (créateur, source de tout être, de toute pensée, de toute vie, de tout amour). Dieu est la Vérité en soi, et toutes choses ne sont *objectivement* vraies qu'en référence à ce Réel unique, qui est en Dieu, qui est Dieu.

En complète harmonie avec ces témoignages, toutes les traditions font chorus. « Je suis la Vérité »,

---

1. On lit dans *La Montée au Carmel*, de saint Jean de la Croix, aux chapitres 26 et 27 : « (L'union divine) s'acquiert plutôt par voie de croyance que par voie de connaissance », et : « Il est toujours préférable de ne pas désirer la claire intelligence des choses, afin de conserver dans sa pureté et son intégrité le mérite de la foi, et de parvenir à travers les ombres de cette nuit de l'intellect, à la lumière splendide de l'union divine. » Faut-il préciser que Julien n'avait jamais lu ces lignes lorsqu'il écrivait, sous l'impulsion de ses voix intérieures, qu'il vaut mieux être *croyant* que *certain* ?

« Père, ta parole est Vérité » a dit le Christ. Selon le Bardo-Thödol tibétain, seule la Libération mène à l'« esprit parfait du Dharma-Kaya, la Claire Lumière de la Réalité primordiale », le « divin corps de la Vérité ». Et Platon comparait les hommes aux prisonniers d'une sombre caverne, vivant le dos tourné à la lumière du jour, et ne connaissant des choses que leur ombre portée sur la paroi qui leur fait face; ils prennent donc ces ombres pour la réalité, prêts à tuer quiconque leur affirmerait le contraire [1]. Mais les vraies réalités sont au-dehors, illuminées par le Soleil. Seul, celui qui s'échappe de la caverne peut connaître la nature réelle des objets qui portent ombre, « parce qu'ils auront contemplé *en vérité* le Beau, le Juste et le Bien » (cf. La République, livre VIIe) [2].

Ainsi tout le monde est bien d'accord, les saints, les sages, et, pour une part, la Science contemporaine d'Eddington, de Planck, d'Einstein : ce que

---

1. Admirons, chez Platon, cette vision inconsciemment prophétique de la condamnation portée contre Jésus, coupable d'avoir reproché aux hommes de prendre des ombres pour la Réalité, alors que celle-ci n'est pas de ce monde.

2. Et, à nouveau, saint Jean de la Croix : « Au point de vue naturel, l'intelligence ne perçoit les objets que sous des formes et des espèces sensibles, lesquelles, nous le répétons, ne contribuent pas efficacement à l'union qui est spirituelle et divine. Si nous parlons du point de vue surnaturel, tel qu'il peut exister en cette vie, l'entendement enfermé dans la prison du corps manque de la capacité et des dispositions voulues pour concevoir une idée nette et précise de Dieu. Cette connaissance lumineuse est incompatible avec la région ténébreuse d'ici-bas... » (*La Montée au Carmel*, chap. 8.)

nous tenions pour souverainement *objectif* demeure relatif et incertain. La Vérité est Ailleurs.

Plus nous nous élevons vers le Principe, plus nous nous approchons de la Vérité. Et c'est pourquoi les esprits « inférieurs », qui sont encore très loin du but divin, se trompent, ou mentent, ou bien avouent franchement qu' « ils ne savent pas ». Et c'est aussi pourquoi les Esprits d'En-Haut, lorsqu'ils daignent descendre jusqu'à nous, ne sont jamais pris en défaut : car ils *savent.*

Ils ne nous disent pas toujours *toute* la Vérité, parce qu'ils filtrent leurs informations en fonction des capacités de celui qui écoute.

Ainsi procédait Jésus lorsqu'il disait à ses disciples :

« J'aurais encore bien des choses à vous dire, mais vous ne pourriez pas les comprendre maintenant. »

COMMENT JE VOIS...

A la lumière de tout ce qui vient d'être dit, voici comment je serais tenté de concevoir les choses.

Pour m'en expliquer, il me faudra, bien entendu, recourir à des métaphores disparates qui ne prétendront en aucun cas refléter l'exacte réalité, mais pourront fournir un support à l'imagination. Jamais personne n'a pu aborder ce sujet autrement qu'en analogies et en paraboles.

J'éviterai intentionnellement, dans cet exposé succinct, l'emploi de termes classiques tels que Dieu, Création, Volonté divine, plan divin, anges, révélation, etc..., tous vocables que l'usage a rendus de plus en plus imprécis et dont l'abus peut conduire à toutes sortes d'interprétations arbitraires. Mais le fait de renoncer à ce vocabulaire n'implique aucune négation des réalités ainsi suggérées; au contraire, on notera que les comparaisons dont je me servirai supposent l'existence de Dieu, Etre, Créateur, Personnel, surintelligent, mais en même temps inconcevable, indéfinissable, inconnaissable pour nos intelligences individuelles qui ne peuvent Le « comprendre », je veux dire : Le « contenir ». De même pour le « plan divin » qui, s'il nous apparaissait « compréhensible », aurait toutes les chances de ne pas être conforme à son inaccessible réalité.

Voici donc un schéma composé de métaphores, et rien de plus.

Je vois, *au commencement,* une Source de vie intelligente, comparable dans une certaine mesure à une centrale électrique, qui diffuserait à l'infini une énergie appelée Vie et Conscience. Cette énergie est, *au commencement,* diffuse et vague, une sorte de « soupe »; ou, si l'on veut, un bain d'huile.

Ici, je me réfère à la pensée du P. Teilhard de Chardin : la Vie, puis la Conscience, et enfin la Réflexion, sont apparues dans l'univers par suite de la *complexité croissante* des « arrangements » de particules de matière. Chacune de ces particules de matière, selon Teilhard, était déjà chargée, dès le départ, d'un potentiel de Vie et de Conscience; mais Vie et Conscience ne deviennent « observables » qu'à partir d'un certain degré de complexité des arrangements moléculaires. C'est l'association des particules en cellules, puis en molécules, puis en conglomérats de molécules *différenciées,* qui permet l'apparition de la Vie, puis celle de la Conscience, et enfin celle de la Conscience Réfléchie, et leur épanouissement. Or, sur notre planète Terre, l'arrangement moléculaire qui fait preuve du plus haut degré de complexité est le cerveau humain.

Cela dit, j'imagine le cerveau humain comme une sorte de mèche trempée dans le bain d'huile psychique dont j'ai parlé tout à l'heure et se nourrissant de cette huile, — et, en même temps, comme une manière d'usine alimentée en énergie par la centrale psychique. L'usine-cerveau, recevant cette matière première faite de particules psychiques indifférenciées, serait chargée de l'organiser en « arrangements » psychiques *de plus en plus complexes,* jusqu'à former un tout qui pense et qui *se pense* comme une PERSONNE, se désignant elle-même comme JE ou comme MOI (pensée réfléchie).

Lorsque ce cerveau-usine achève de produire un MOI complet au travers des expériences de toute une vie terrestre, ses outils sont usés et se désagrègent, ayant accompli leur fonction : c'est ce que nous appelons la « mort » (du corps). Mais la personne psychique, le MOI ainsi constitué, une fois dépouillé de son usine comme le papillon de son cocon, peut enfin vivre d'une Vie nouvelle, prolongement et *conséquence* de sa vie terrestre. Ce MOI libéré va grossir le nombre (indéfini) des autres « MOI » nés de la même façon au cours des âges.

Ces « MOI » sont autant de gouttelettes autonomes dont l'ensemble forme un océan, l'océan psychique universel; mais à ce stade, cet océan n'est plus un magma diffus, ce n'est plus une « soupe » : c'est un océan organisé, formé non point par la *fusion* des consciences, mais par la somme de toutes les personnes psychiques, autonomes, *organisées* entre elles (on pourrait presque dire « socialisées » si ce terme ne risquait d'entraîner des résonnances politiques qui n'ont rien à voir ici). C'est donc un océan *intelligent*, animé de courants et agité par des vents *intelligents.*

D'où l'importance, dès ce monde, de l'effort altruiste de solidarité : tout MOI qui se dissocie de la communauté se condamne lui-même à être rejeté du grand Ensemble en voie de perpétuelle expansion que Jésus appelait « le Royaume des Cieux ». Quiconque n'accepte pas de s'insérer dans cette super-société se coupe lui-même de la Source Primordiale : replié sur lui-même, il se voue à la « seconde mort » dont parle l'Apocalypse, l' « enfer » de la tradition.

Au contraire, la super-société psychique (Royaume des Cieux) est un assemblage conscient et organisé de bonnes volontés purifiées, vivantes et actives, dans l'union, l'harmonie et l'amour, donc dans la Joie.

D'où également l'importance des cerveaux-usines, puisque c'est par là que tout commence à naître; ce qui explique le souci manifesté dans l'Au-delà en faveur d'une surveillance de la part des « libérés »; d'où l'existence de « gardiens » invisibles rassemblés en équipes homogènes, dont le rôle est d'influencer, de guider, d'informer, en utilisant pour cela les canaux de l'Inconscient. Car il est primordial de ne jamais contraindre, de ne jamais altérer la *liberté* des MOI en formation. La super-société du « Royaume » ne veut pas être une juxtaposition de robots, mais bien une association de personnes libres, capables d'initiatives et de responsabilités, — ce qui exige une certaine discrétion dans l'action concertée des « gardiens », en même temps qu'un certain consentement de la part des sujets intéressés.

Cette capacité d'agir librement et d'assumer des responsabilités, justifierait d'autre part la grande variété des méthodes utilisées en vue d'influencer les humains de la Terre. Chaque entité responsable, chaque groupe, chaque légion, possède toute latitude d'imaginer, d'innover, de mettre à profit telle ou telle circonstance favorable, — cela, bien entendu, dans le cadre d'un « plan » général préconçu dès le *commencement.*

Je ne sais si ce tableau, brossé à grands traits, pourra paraître assimilable aux yeux de ceux qui le liront. Il ne s'agit, au mieux, que d'une vue très générale, d'un schéma simplifié à outrance, qui laisse dans l'ombre plus d'une interrogation et ne prétend nullement éliminer d'un coup tous les mystères. Qui oserait, en quelques paragraphes, tenter de définir l'Infini?

Acceptons de le reconnaître : il y a beaucoup de choses que nous ne *pouvons* pas comprendre, faits comme nous sommes. Tout au plus nous est-il permis de tendre notre imagination jusqu'au bout de son élasticité, afin d'essayer de concevoir...

Ainsi, les défunts affirment qu'ils échangent entre eux des idées, qu'ils s'instruisent les uns les autres, qu'ils communiquent, — mais qu'ils n'utilisent pour cela aucun langage formé de mots : leurs pensées se compénètrent et se mêlent sans se confondre; chaque concept est perçu dans sa totalité, sans le secours d'une traduction verbale.

Certains esprits ont, disent-ils, la possibilité de se scinder, une partie d'eux-mêmes demeurant « dans le Ciel » pendant qu'une autre se livre à des tâches plus proches de la matière; ou encore, ils peuvent travailler à plusieurs missions à la fois, comme s'ils se situaient en plusieurs « lieux » dans le même « temps[1] ».

A l'inverse, plusieurs esprits peuvent s'unir jusqu'à n'en former qu'un seul; plusieurs groupes d'esprits ainsi rassemblés peuvent se rejoindre et ne plus constituer qu'un seul « corps », en une parfaite et harmonieuse connaissance les uns des autres. Enfin, ce peut être la fusion totale dans l'océan de feu dont chaque « moi » individuel est une divine étincelle...

Nos intellects terrestres sont très diversement doués pour l'assimilation de pareilles données; pour les uns, c'est radicalement inconcevable; mais d'autres ne sont pas vraiment déroutés... « Que celui qui peut comprendre, comprenne! » disait Jésus.

REMARQUES SUPPLEMENTAIRES

Que les esprits critiques veuillent bien se dispenser de me faire remarquer que *rien* de ce qui précède ne

1. Je retrouve dans les papiers que Julien a bien voulu laisser à ma disposition un passage curieux, très significatif à cet égard, daté du 29-11-72 : « Pour moi (c'est un esprit qui parle), les devoirs se multiplient. Nous sommes partout à la fois ; inimaginable pour toi. En ce moment, je parle aussi à un pauvre type de Saint-Quentin. Et à un groupe de jeunes qui font du vélo et qui commencent à réfléchir sur la vie. Tout cela à la fois. Peux-tu le concevoir ? » Phrases que Julien avait sur le moment jugées trop farfelues pour les laisser figurer dans son rapport. Il ignorait à l'époque que le don de bilocalion des entités immatérielles est chose reconnue depuis l'Antiquité.

peut être considéré comme une « preuve » définitive de la survie. Je le sais, Julien le sait, nous le savons : il n'y aura jamais — à moins d'événements extraordinaires et imprévisibles — de preuves apportant une certitude absolue à ce propos. Et cela pour la raison que voici :

Pour constater « objectivement » (et non subjectivement) quoi que ce soit, il faut au moins un observateur *vivant*. Et tant qu'un cerveau vivant joue un rôle dans une expérience, tout, absolument tout, peut lui être attribué. Les auditions, les visions, les messages télépathiques, les prémonitions, la métagnomie — et même (nous l'avons vu) certains effets physiques, déplacements d'objets à distance, coups frappés dans les murs, tables qui se soulèvent toutes seules — bref, n'importe quel phénomène de cet ordre peut (et *doit*, dans l'optique des savants) être l'œuvre consciente ou inconsciente d'une ou de plusieurs personnes *vivantes*. Et cela, même si les mécanismes qui produiraient ces choses étonnantes n'ont pas encore été scientifiquement démontés, même si l'énergie psychique qui serait capable de provoquer de tels effets demeure mystérieuse, inconnue.

Donc, tous les indices qui militent en faveur de la survie, tant qu'ils seront consignés et rapportés par des témoins vivants, ne pourront être accueillis comme des preuves catégoriques; car il sera toujours possible de penser que ces témoins ont pu être, volontairement ou non, et le plus souvent à leur insu, la cause directe du phénomène relaté.

La pérennité de la conscience après la mort, comme tout ce qui se rapporte à la conscience, ne peut être que subjective par définition et par essence. On ne voit pas comment nous parviendrions à l'*objectiver*. Nous ne serons certains de notre propre survie que lorsque nous en ferons (ou *si* nous en faisons) individuellement l'expérience, chacun pour son propre compte.

D'ici là — rien ne presse! —, ne nous acharnons pas à prouver l'improuvable; mais que cela ne nous empêche pas de nous former *une opinion.*

Qu'est-ce qu'une opinion? Ce n'est pas une certitude; ce n'est pas non plus un acte de foi gratuit et inconditionnel. C'est tout bonnement une adhésion à une conclusion fondée sur des expériences, des témoignages, et des raisonnements.

Il ne faut pas oublier — et cela est très important — que si la survie ne peut être absolument prouvée, *il est également impossible, pour des motifs identiques, de fournir la preuve du contraire.*

On s'aperçoit vite, au surplus, que, dans ce domaine, toute tentative d'explication écartant d'office l'hypothèse de la survie oblige à recourir à d'autres hypothèses également incontrôlables; et même, très souvent, à accumuler tout un échafaudage d'hypothèses destinées à élucider un seul fait, ce qui passe aux yeux des scientistes eux-mêmes pour une très mauvaise méthode.

Dans l'état actuel de nos connaissances, nous ne savons rien du mécanisme qui préside aux phénomènes de télépathie, aux prémonitions, aux communications entre un inconscient et un autre inconscient; nous ignorons tout de ce qu'on pourrait appeler, faute de mieux, l'énergie psychique; nous ne connaissons ni son origine ni ses limites, ni même en quoi elle consiste. Les parapsychologues se bornent à en constater les effets; ils ne les expliquent pas.

Dans ces conditions, on ne tarde pas à voir que toute supposition éliminant l'intervention des défunts apparaît étrangement compliquée et exige un *acte de foi* au moins aussi hasardeux. Et dès lors qu'une part de « foi » est requise dans tous les cas, rien ne nous empêche de recourir en priorité à l'hypothèse *la plus simple,* c'est-à-dire à celle de la survie.

Notre devoir est de conserver l'esprit ouvert à toute éventualité. Observons les faits, scrutons les indices, analysons les « traces » (comme Sherlock Holmes), et raisonnons. Chacun de nous peut, en raisonnant, parvenir librement à des conclusions différentes, selon sa mentalité, selon ses options philosophiques. En ce qui me concerne, mon siège est fait; je me suis formé *une opinion.* A vous de jouer.

Que l'on veuille bien s'abstenir également, si possible, de parler ici de « spiritisme », de « croyance » au « surnaturel » : ce sont là des termes que Julien et moi récusons en cette occurrence.

Spiritisme : ainsi que nous l'avons déjà dit, le spiritisme relève d'un ensemble de doctrines auxquelles nous n'adhérons pas forcément. Je ne suis pas un disciple d'Allan Kardec, je n'appartiens à aucun Institut métapsychique, je ne souscris aveuglément à aucun « enseignement ». Je ne professe qu'une seule « foi » : je crois en la parole de Jésus-Christ, dit Julien.

Croyance : en ce qui concerne la survie de l'esprit, une opinion raisonnée et fondée sur des expériences ne saurait en aucun cas être appelée « croyance ».

Quant à *surnaturel*, c'est un mot qui ne signifie rien de précis. J'ai déjà eu l'occasion de m'expliquer là-dessus au début de ce livre lorsque j'écrivais que, si ceux que nous croyons morts continuent à vivre à leur manière, c'est que ce prolongement de vie leur est *naturel.* Tout ce qui *est,* fait partie de la nature universelle; et si la survie existe, elle s'inscrit obligatoirement dans l'ensemble des lois qui régissent la nature. Celle-ci ne s'arrête pas aux limites de notre savoir, est-il encore utile de le préciser.

Cela dit, et il fallait le dire, je passe à quelques recommandations utiles.

MISE EN GARDE

Un bon conseil : n'imitez pas Julien. N'essayez pas d'entrer en communication avec les morts.

Pourquoi? Parce que des expériences de ce genre, menées par simple curiosité, peuvent être préjudiciables à la santé des vivants aussi bien qu'à l'évolution des défunts. Tout le monde risque donc d'en sortir perdant.

Mais Julien, direz-vous?

Eh bien, Julien a eu de la chance. Il semble qu'il soit bien tombé, ou qu'il ait bénéficié d'une protection particulière; qui sait? En règle générale, il ne faut pas s'amuser avec ces choses-là. Que ceux qui voudraient s'adonner à ce sport « comme ça, pour voir » y regardent à deux fois avant de commencer.

Dans la rue, vous pouvez discerner des visages sympathiques, et si l'envie vous prend de parler à quelqu'un, vous pouvez choisir. Avec les gens de l'Ailleurs, on ne choisit pas. C'est eux qui vous choisissent.

L'idée de jouer avec les morts, comme on joue

avec un chien, se solde le plus souvent par des messages stupides, incohérents ou vulgaires. Souvent, les esprits vous injurient, lorsqu'ils ne se sentent pas pris au sérieux : beaucoup sont susceptibles. Certains possèdent un sens de l'humour, et s'ils sont malins, c'est eux qui s'amuseront à vos dépens.

Si, par contre, vous vous montrez déférents, le ton changera. Vous aurez alors affaire à des entités qui essayeront de se faire valoir : attendez-vous à des cours magistraux énoncés sur un ton docte. L'orateur se nommera volontiers Victor Hugo, Einstein ou Charles de Gaulle; et le simplisme de leurs messages vous surprendra, émanant de personnalités aussi distinguées...

En d'autres occasions — et cela est beaucoup moins drôle —, vous enregistrerez des plaintes provenant d'âmes en peine; elles vous diront qu'elles étouffent, qu'elles ont froid, ou soif; qu'elles ne savent que faire ni où aller. Elles imploreront votre assistance, vous demanderont de prier pour elles. Faites-le, si vous pouvez.

Vous découvrirez, au bout d'un certain temps, qu'il y a foule à l'autre bout du fil et que l'on se bat autour du micro : c'est si bon de parler à des vivants! En s'approchant de la sorte, les âmes démunies se rechargent de ce qu'on nomme, faute de mieux, « fluide » vital. Elles vous le prennent et ne vous le rendent pas. Mais en leur abandonnant cette part de vous-même, vous ne leur faites aucun bien : vous les encouragez à flotter à ras de terre, alors qu'elles auraient intérêt à s'élever.

Il n'est pas exclu pourtant que des communications d'une meilleure tenue puissent être incidemment captées, même dans des circonstances peu favorables. Des entités bienveillantes peuvent profiter de l'occasion pour vous faire passer un message important pour vous-même. Accueillez-les, remerciez-les. Mais ne vous y fiez pas aveuglément.

On m'a rapporté l'histoire d'une personne qui avait pris l'habitude d'interroger les défunts à propos de tous les actes de sa vie. Pendant quelque temps, elle reçut d'eux des conseils judicieux dont elle tira grand profit. Mise en confiance, elle entra en relation avec un illustre médecin décédé qui lui prescrivit un régime alimentaire très strict grâce auquel, au dire de l'Esprit, elle finirait par revêtir un corps glorieux dès ce monde. Elle crut, et obéit. Elle est maintenant effectivement en possession d'un corps glorieux, mais, hélas, pas en ce monde : dans l'autre. Car, de plus en plus affaiblie par le régime imposé, cette femme est morte d'inanition.

On m'a également parlé d'un autre cas : celui d'un jeune homme, cette fois, très apprécié de son entourage à cause de son caractère aimable et de sa grande sociabilité. Il voulut, lui aussi, entrer en contact avec l'Autre monde; et tout se passa bien jusqu'au jour où il se réveilla méconnaissable, violent, agressif, amer, haineux. « On dirait qu'il n'est plus lui-même », murmura-t-on autour de lui. Et, en fait, il était devenu « autre ». Il s'était laissé « posséder ».

Voilà. Je vous ai dit ce que je devais vous dire : c'était une mise en garde nécessaire. Maintenant, vous êtes sans doute assez grand pour savoir ce que vous avez à faire. Mais si vous voulez mon avis...

Mon avis est que nous devons croire à l'immortalité de notre âme, et commencer dès maintenant à régler notre vie en conséquence. C'est ici-bas, et non ailleurs, que tout se décide : pour le meilleur et pour le pire.

Plutôt que de prendre des risques de contrebandiers en violant des frontières semées de pièges à loups, mieux vaut se reporter à certain livre, facile à trouver, dans lequel on apprend tout ce qu'il est utile, indispensable, de savoir sur les liens qui unissent ce monde-ci à l'Autre; un livre qui, tout en étant très célèbre, ne sera jamais assez connu : l'Evangile.

Jamais assez connu, car chacun y découvre sans cesse des choses nouvelles. Gageons que, s'il vous arrive de le feuilleter maintenant, après avoir pris connaissance de ce qui précède, vous y trouverez encore ce que vous n'y aviez pas vu jusqu'ici. Car l'Evangile n'est pas, comme on le prétend trop souvent, un manuel de morale enseignant le mieux-vivre aux hommes de la Terre, c'est avant tout l'annonce de la Vie éternelle, l'affirmation sans cesse renouvelée du fait que l'homme ne meurt pas, mais récolte dans une existence future le fruit de ce qu'il a semé ici-bas. Si vous avez quelque peine à me croire, n'hésitez pas : lisez ou relisez l'Evangile, cela ne saurait vous faire de mal.

... Le Royaume de Dieu est comme une semence qu'un homme a jetée en terre : qu'il dorme ou qu'il se lève, nuit et jour, la semence germe et grandit sans qu'il sache comment... Et quand le fruit s'y prête, aussitôt on y met la faucille car la moisson est à point... Le Royaume de Dieu est comme la plus

petite de toutes les graines; mais une fois semée, elle monte, devient plus grande que toutes les autres plantes, en sorte que les oiseaux du ciel peuvent venir s'y reposer...

... Ne vous amassez pas des trésors sur la terre, où la mite et le ver consument, où les voleurs cambriolent; mais amassez-vous des trésors dans le Ciel, où il n'y a ni mites ni voleurs... Que servirait à l'homme de conquérir tout l'univers s'il se perd et se ruine lui-même?

Qui croit en moi, fût-il mort, vivra... Celui qui écoute ma parole et croit en Celui qui m'a envoyé, celui-là possède la Vie éternelle et n'est pas soumis au Jugement; mais il est (déjà) passé de la mort à la Vie.

Dieu a tant aimé le monde qu'il a donné son Fils unique AFIN QUE TOUT HOMME QUI CROIT EN LUI NE MEURE PAS, MAIS AIT LA VIE ÉTERNELLE...

Une fois encore — le répétera-t-on jamais assez? — tout cela n'est pas « de la morale », mais un exposé tout simple de la nature des choses.

Celui qui provoque sciemment la souffrance d'autrui, celui qui ment, trompe, vole, pille ou tue, celui-là se rend — selon l'expression géniale de Swedenborg — HETEROGENE à l'Amour. Hétérogène : il s'est fait une autre nature, il n'est plus *compatible* avec Dieu. Un phénomène de rejet, analogue à celui qui préside aux mauvaises greffes, le repoussera hors du « Royaume », vers les « ténèbres extérieures », où il y aura « des pleurs et des grincements de dents ».

Notre prochain est « comme nous-mêmes », ne l'oublions jamais; et il est aussi « comme Dieu ».

Tout ce que vous avez fait à l'un de ces plus petits d'entre mes frères, c'est à moi que vous l'avez fait, dira le Christ au jour de l'Avènement (voir Matthieu, 25, 34-46). Tout ce que nous aurons fait à l'un de ces plus petits... Tout ce que nous n'aurons pas fait... Tout le bien, tout le mal que nous aurons pu faire... Souvenons-nous du regard de celui que nous avons secouru, souvenons-nous du regard de celui que nous avons lésé ou meurtri : c'est le regard du Christ. Nous reconnaîtrons cette lueur dans Ses yeux.

Afin de nous donner une preuve de la véracité de ses dires, le Fils de l'homme s'est laissé crucifier. Il est « ressuscité le troisième jour », affirme le Credo. Mais, comme Jésus le disait lui-même, ceux qui ne veulent pas croire, « quand bien même un homme ressusciterait d'entre les morts, ils ne croiront pas ».

Personne n'est en droit de dire que nous n'avions pas été avertis alors qu'il en était encore temps. A nous de tirer librement parti de ces avertissements réitérés.

Tâchons de nous rendre HOMOGENES à la « substance » du Royaume, qui est faite d'amour. Travailler amoureusement à unir, harmoniser, embellir, soulager, guérir, ce sont là les seules tâches qui puissent également s'accomplir en ce monde-ci et dans l'Autre, sans solution de continuité, sans « mort ». Tout le reste, l'égoïsme, l'avarice, la violence, nous scinde de Dieu et de la Vie.

Lorsque nous nous serons pénétrés de cette idée,

lorsque nous tendrons enfin de toutes nos forces à conformer nos actes aux impératifs de cette divine nécessité, — alors nous pourrons prendre rang parmi les ouvriers de Dieu qui ont reçu la promesse de toutes les Béatitudes.

BIBLIOGRAPHIE

A) *Ouvrages consacrés à la question de la « survie » :*

MORS ET VITA. Introduction par *Gabriel Marcel,* documents réunis par *Robert Aron* et *Jean-Claude Renard* (Plon, 1951). Un ensemble de textes judicieusement choisis qui permettent de se former une idée très complète de la question.

LES TÉMOINS DE L'INVISIBLE. *Jean Prieur,* Préface de *Gabriel Marcel,* de l'Institut, (Fayard, 1972.) S'inspirant de nombreux « messages » de défunts, publiés en France ou en Angleterre. Jean Prieur en opère une vivante synthèse. Pourrait s'intituler : « Ce que nos morts nous disent d'eux-mêmes et de leur vie dans l'Ailleurs. »

LA SURVIE APRÈS LA MORT. Compte rendu d'un colloque tenu en janvier 1967 à la Roche-Dieu sous l'égide de l'*Alliance Mondiale des Religions* (Maryse Choisy). Le point de vue de : cardinal Jean Daniélou, pasteur Bosc, rabbin Josy Eisenberg, swâmi Ritâjânanda, docteur Paul Chauchard, docteur Hubert Larcher, etc. (Edit. Labergerie, distribution Mame.)

LE CIEL ET LA TERRE, par *Emmanuel Swedenborg,* traduction nouvelle (R. S. F., 27 rue Saint-Ferdinand, Paris 1972). L'œuvre maîtresse du célèbre « voyant ». Voir aussi, SWEDENBORG, par *Jean Prieur,* édité par le Cercle Swedenborgien, 14 sentier des Thieux, à 92-Meudon-Bellevue.

DIALOGUES AVEC LES MORTS? par *Martin Ebbon*, version française de Simone Saint-Clair (Fayard 1971). Un choix de textes relatant des expériences variées de « contacts » avec des défunts.

QU'EST-CE QUE LE SPIRITISME? par *Allan Kardec* (Libr. des Sciences Psychiques, 42 rue Saint-Jacques, Paris.) Sous la forme de dialogues avec ses contradicteurs, le fondateur du Spiritisme expose l'essentiel de sa doctrine.

LA MORT ET SON MYSTÈRE. Trois volumes par *Camille Flammarion* (Ed. Flammarion). Les recherches opérées par ce savant dans le domaine des hantises, des avertissements annonçant la mort, des phénomènes accompagnant la mort, des manifestations et apparitions au moment du décès, etc.

PSYCHIC PHENOMENA, par *D. & R. Bradley*. (Kinney Service Company, New York.) Un médecin américain et sa femme racontent leurs troublantes expériences et exposent d'intéressantes réflexions personnelles.

LE LIVRE DES MORTS TIBÉTAIN, traduit par Margaret la *Fuente* d'après la version anglaise du lama *Kasi Dawa Samdup* et du docteur *Evans Wentz*, (Edit. Adrien Maisonneuve, 11 rue Saint-Sulpice, Paris.)

B) *« Messages » en provenance de défunts :*

LETTRES DE PIERRE, messages de *Pierre Monnier*, en sept volumes. Il en existe une édition abrégée en deux tomes, intitulée AU-DELA DE LA MORT. (Libr. Fischbacher, 33 rue de Seine, Paris.) Il est indispensable de lire d'abord QUI EST PIERRE? plaquette de présentation par *Jean Prieur* (chez le même éditeur). Messages d'une très grande élévation spirituelle et témoignage impressionnant sur les « conditions de vie » dans l'Au-dela.

AU DIAPASON DU CIEL, par *Marcelle de Jouvenel*, préface de *Gabriel Marcel*. Messages de *Roland de Jouvenel*

(1948). Et aussi : AU SEUIL DU ROYAUME, LA SECONDE VIE, etc. (La Palatine, Paris.)

SUR LE CHEMIN, messages d'*Albert Pauchard,* président d'honneur de la Société d'Etudes Psychiques de Genève (décédé en 1934). Voir aussi : L'AUTRE MONDE, SES POSSIBILITÉS INFINIES. (Edit. Jean Meyer, B. P. S., Paris.)

ENTRETIENS CÉLESTES, messages de « PAQUI », édités par « les Amis de Paqui », 3 cours de Verdun, Dax. Communications d'une toute jeune fille prématurément décédée. Spiritualité et poésie.

LE MONDE INVISIBLE VOUS PARLE, par *C. et G. Tiret* (Vigot Frères, 23 rue de l'Ecole de Médecine, Paris). Messages provenant d'un « esprit » se nommant « Albien ».

LETTRES DE CHRISTOPHER, par *R. M. Tristram,* traduit de l'anglais par *Abeille* (La Colombe, Paris). Christopher est un jeune garçon, victime d'un naufrage pendant la Deuxième Guerre mondiale. Ses propos d'outre-tombe, non dénués d'humour, ont été transmis par sa propre mère.

POST-MORTEM JOURNAL, *Jane Sherwood* (Neville Spearman, Londres). Le récit détaillé d'une vie après la mort; d'après les messages d'un certain « Scott », pseudonyme sous lequel se dissimulerait, au dire de l'auteur, le célèbre T. E. Lawrence.

A FAITH FOR THE NEW AGE. *David Vaughn* (Regency Press, Londres). Une très intéressante étude sur la « survie », par D. Vaughn, suivie de messages divers d'une haute tenue.

C) *Témoignages et récits concernant des communications avec les défunts :*

DIALOGUES AVEC L'AU-DELA, par *James A. Pike* (Edit.

R. Laffont). Après le suicide de son fils l'évêque anglican James Pike se voit conduit à consulter des médiums par l'entremise desquels le jeune Jim lui parle. Récit d'autant plus bouleversant que l'évêque Pike n'était nullement disposé à croire à la réalité de ces phénomènes métapsychiques, et ne s'est laissé convaincre qu'après avoir envisagé toutes les hypothèses possibles tendant à tout « expliquer » par des voies normales. A ne pas manquer.

LA TROISIÈME OREILLE, par *Belline* (R. Laffont). Un « voyant » professionnel entend la voix de son fils Michel, tué dans un accident d'automobile. En appendice : témoignages de nombreuses personnalités françaises expliquant pourquoi ils croient, ou ne croient pas, à la survie de l'esprit.

D) *Psychologie :*

L'AUTOMATISME PSYCHOLOGIQUE, par *Pierre Janet* (1889) réédité en 1973 par la Société Pierre Janet et le Laboratoire de Psychologie Pathologique de la Sorbonne, avec le concours du C. N. R. S. — Sur les dédoublements de la personnalité.

PROBLÈMES DE L'AME MODERNE, par *Carl G. Jung,* traduction du docteur *Roland Cahen* (Buchet-Chastel). Cf. le chapitre XIII : « La Psychologie analytique dans ses rapports avec l'œuvre poétique ».

E) *Parapsychologie :*

LES VOIES SECRÈTES DE L'ESPRIT, par *Louisa E. Rhine* (Fayard). Notamment les problèmes posés par le rapport entre l'esprit et le cerveau. Expériences de télépathie, de précognition. Personnes télépathiquement averties de la mort d'un parent, d'un ami, etc.

THE NEW WORLD OF THE MIND, par *J. B. Rhine* (William

Sloane Associate, U. S. A.). Mêmes sujets que ci-dessus. A partir de la page 302, le problème de la survie à la lumière de la parapsychologie moderne.

FANTASTIQUES RECHERCHES PARAPSYCHIQUES EN U. R. S. S. par *S. Ostrander* et *L. Schroeder* (R. Laffont). Le titre n'est pas démenti par le contenu de ce livre : les progrès de la parapsychologie soviétique laissent pantois. Tout devient possible.

LA PARAPSYCHOLOGIE, par *H. Larcher* et *P. Ravignant* (C. A. L.). Le problème des coïncidences, la clairvoyance à l'état de veille et dans le sommeil, le dédoublement, etc.

Achevé d'imprimer en janvier 1990
sur les presses de l'Imprimerie Bussière
à Saint-Amand (Cher)
pour les éditions Robert Laffont

— N° d'édit. 32394. — N° d'imp. 10547. —
Dépôt légal : 1er trimestre 1974.